negociação
técnica e arte

negociação
técnica e arte

Sebastião de Almeida Júnior

Copyright© 2005 by Sebastião de Almeida Júnior

Todos os direitos desta edição reservados à Qualitymark Editora Ltda.
É proibida a duplicação ou reprodução deste volume, ou parte do mesmo,
sob qualquer meio, sem autorização expressa da Editora.

Direção Editorial SAIDUL RAHMAN MAHOMED editor@qualitymark.com.br	Produção Editorial EQUIPE QUALITYMARK
Capa WILSON COTRIM	Editoração Eletrônica EDIARTE

Inlustrações
ILUSTRADORES DIGITAIS

CIP-Brasil. Catalogação-na-fonte
Sindicato Nacional dos Editores de Livros, RJ

A451n

Almeida Júnior, Sebastião de, 1945-

Negociação : técnica e arte / Sebastião de Almeida Júnior. — Rio de Janeiro : Qualitymark, 2005
240p. :

Inclui bibliografia
ISBN 85-7303-572-2
1. Negociação. 2. Negociação (Administração de empresas).
I. Título.

05-2261

CDD 658.4
CDU 316.47:65.012.4

2005
IMPRESSO NO BRASIL

Qualitymark Editora Ltda. Rua Teixeira Júnior, 441 São Cristóvão 20921-400 – Rio de Janeiro – RJ Tel.: (0XX21) 3860-8422	Fax: (0XX21) 3860-8424 www.qualitymark.com.br E-Mail: quality@qualitymark.com.br QualityPhone: 0800-263311

Apresentação

A quem se destina este livro

Este livro é destinado àqueles profissionais que já se ocupam da negociação e estão interessados em compreendê-la, e àqueles que se preparam para exercer o papel de negociador e estão interessados em se situar na dinâmica da negociação de forma a poder avaliar melhor suas alternativas de atuação e, conseqüentemente, decidir qual adotará sem se servir de prescrições.

A proposta é descrever o panorama da negociação a partir do ponto de vista do negociador profissional, apresentando uma terminologia própria e acessível àqueles que vivenciam este papel.

Seu conteúdo é fruto de vinte anos dedicados a experiência e pesquisa junto a negociadores que representam empresas de diversos portes e nacionalidades, bem como junto àqueles que representam seus departamentos nas negociações internas.

Sua forma pretende ser tão simples quanto o tema permite, e a maioria do textos utilizados para ilustrar os diferentes tipos de argumentos (por exemplo) foi extraída de letras de música popular brasileira e matérias publicadas em jornais, visando facilitar seu entendimento.

A esperança é que este livro ajude as pessoas a viverem melhor.

Sumário

CAPÍTULO 1
Quem vem lá? 1
A mente e o corpo 2
Imagens 3
O sentido é o fiel da balança 5
Observação 8
Macarrão sem queijo é como namoro sem beijo! 9
Sementes de problemas e conflitos 10
Os culpados e os loucos 13
E o que o negociador tem a ver com isto? 16
Processos artificiais: alguns detalhes 17
Um exemplo de processo bem simples 19
A têmpera e o tempero da negociação 20

CAPÍTULO 2
O processo da negociação 23
Entradas 25
Saídas 25
A. Liturgia 27
B. Linguagem comum 28
C. Procedimentos 29
Projeto Semeadura 32
Projeto Poda 33

Interesses e Resultados 35
Atitudes 36
Algumas atitudes características do Negociador Profissional 39
Parcimônia ao tratar com o poder que lhe é delegado 39
Cuidado ao lidar com o poder do OUTRO 41
Acessibilidade 41
Os hábitos do negociador 46
E dos hábitos se fazem habilidades 48
Algumas competências necessárias ao Negociador Profissional.. 50
De quem é esta percepção? 52
A hélice, o avião e o piloto 65
Cronos – Aion – Kairós 67
Aion, o amadurecimento 69
Kairós, tempo de encontro 71
A vertigem do piloto 74
T – TE – TEM – TEMP – TEMPO T 76

CAPÍTULO 3
Agora falando sério: negociador sofre! 83
Delimitando a área de influência 84
A Quarta Dimensão 90
Empatia 93
Apatia 93
Antipatia 94
Mas por que tomar por base "pathós"? 97
Cena rápida 102

CAPÍTULO 4
A Trajetória da negociação 109
Convencimento 109
Penso, logo desisto! 113
O que eu faço agora? 121
O cardápio dos comportamentos verbais 122
Perguntas 125
Silêncio 127
Comportamentos verbais não-recomendados 130

Problemas, Problemas e mais Problemas 134
Anjos e Tempestade 135
Problema: ponto de partida e de chegada 139
Um caso 144
Tomada de Decisão 145
Lugares na Hierarquia de Valores 146
Analogia, recurso útil para o negociador 150

CAPÍTULO 5
Argumentação 155
Considerações Iniciais 156
Caracterização do OUTRO 160
A construção da argumentação 163
Ligações 169
Argumentos quase lógicos 172
Argumentos baseados na estrutura do real 197
Retomando o fio da meada 212

CAPÍTULO 6
Avaliar-se, é preciso 215

CAPÍTULO 7
A Trajetória do Negociador 221

CAPÍTULO 8
O que se pode ver em filmes 225
Cenas de Negociação 225
Opinião, Poder e Empatia 227
Argumentação, Convencimento & Persuasão 228
O argumento baseado no "sacrifício" levado às últimas conseqüências 228
Ausência de Negociação (Coerção pela força) 228

CAPÍTULO 9
Palavras finais 229

CAPÍTULO 1

Quem vem lá?[1]

Ao se deparar com uma nova missão, uma das primeiras perguntas que um negociador[2] profissional coloca é:

– Com quem devo negociar?

A resposta que obtém a esta pergunta lhe permite se localizar ao longo de um percurso, de uma trajetória, reconhecendo o rastro impresso pelos passos anteriores (com base nos dados disponíveis) e projetando as possibilidades futuras.

Motivado por objetivos imediatos, geralmente o negociador se serve de um número limitado de traços característicos da situação, para desenhar seu mapa mental cuja principal finalidade é antecipar prováveis passos entre a disposição atual das partes e a disposição preferencial para o futuro. Este mapa mental, atualizado sempre que o indivíduo percebe novos dados relevantes (isto é, sempre que o perceptor aprende), serve de alicerce sobre o qual se estabelece a sua conduta.

Se a pergunta é esta, a resposta a ela se inicia da seguinte forma:

---

[1] Esta é a frase introdutória da peça teatral *Hamlet*, de autoria de Willian Shakespeare.

[2] O termo "negociador" é usado neste texto na sua forma neutra, referindo-se tanto a mulheres como a homens que vivenciam este papel no ambiente empresarial.

– É um ser humano que ...

e esta palavra "que" serve para introduzir algumas características que tornam este indivíduo semelhante a muitos outros seres humanos e, ao mesmo tempo, diferente de todos os outros. Todas estas características só podem ser enumeradas porque são perceptíveis à mente humana.

Portanto, cabe ao negociador compreender a constituição da mente humana, observando seu funcionamento (já que todo negociador dispõe de uma) como forma de reconhecer este processo artificial, chamado negociação, criado pelas pessoas e mantido pelas relações entre elas, com o objetivo de canalizar energias compartilhadas cujo conjunto se constitui em poder. Poder limitado, transitório e imperfeito como tudo o que é construído pelo ser humano, mas, apesar de tudo isto, necessário para o trabalho de gestão dos bens empresariais.

O conhecimento completo da mente humana não está disponível ao ser humano e talvez nunca venha a estar; pois, neste caso, a mente é ao mesmo tempo o observador e o objeto observado. Outro motivo é a grande complexidade da mente humana cujos domínios ainda estão sendo descobertos por meio de estudos filosóficos, psicológicos e neurológicos.

A evolução tecnológica tem permitido à neurologia identificar e analisar vários aspectos da dinâmica mental, mas o assunto não está esgotado e, mesmo que estivesse, sua amplitude e profundidade não caberiam neste livro. Assim sendo, o que é apresentado a seguir é o mínimo necessário para que o negociador possa se situar de maneira mais clara, ficando, desta forma, menos suscetível às ilusões próprias e às alheias.

A mente e o corpo

A mente é uma manifestação do corpo assim como a visão ou a audição. E, assim como não é possível considerar a visão sem levar em conta o todo chamado "corpo" e a parte denominada "aparelho ocular", não é possível considerar a mente sem levar em con-

Quem vem lá?

ta o todo chamado "corpo" (o que inclui o aparelho ocular) e a parte denominada "cérebro e sistema nervoso".

O funcionamento da mente humana não é descrito de uma forma tão objetiva e clara como a botânica o faz com relação às características de um determinado tipo de planta, apesar de alguns passarem a impressão que sim. As considerações em torno do funcionamento da mente procuram "cercar" as suas manifestações, sem esperança de dissecá-la, e estão sempre sujeitas a revisões. No entanto, devido à necessidade de dispor de alguns pressupostos que sirvam de pontos cardeais para que o negociador possa ajustar sua bússola e, com base nisto, orientar seus passos, alguns elementos podem ser destacados.

Imagens

São os elementos constitutivos básicos da mente, apresentando-se ora como combustível e matéria-prima, ora como produto do processo mental.

Organizam-se em torno de temas e formam conjuntos que se interligam para constituir complexos, assim denominados por não serem simples e acessíveis. O que significa que tanto os estímulos internos quanto os externos podem promover e proporcionar ativações de diferentes elos cuja ação resultante não é completamente previsível.

As imagens se apresentam para a própria mente na forma tanto de emoção como de memória. As emoções e as memórias se manifestam através de alterações físico-químicas do corpo humano e podem ser percebidas pela própria mente humana da qual fazem parte. Constituem, a partir da dinamização de alguns fatores combinados tais como: intensidade, freqüência, duração e regularidade da sua atividade (presença e manifestação), todos eles combinados, a um fator intrínseco à própria mente que é o seu estado de alerta, de disposição para observar. Sendo que a atenção não se mantém inalterada, ela varia e gera cansaço, permanecendo ativa somente durante períodos limitados de tempo.

Da mesma forma, então, que uma pessoa pode orientar sua atenção na direção da busca da identificação de uma dor de cabeça que se comporta, por exemplo, da seguinte maneira:

Aspecto	Característica
Intensidade	Aguda
Freqüência	Uma vez ao dia
Duração	Cerca de três horas
Regularidade	Todos os dias

Este quadro lhe permite pesquisar a causa da dor de cabeça, ou tomar um analgésico, tornando-a imperceptível. A atenção humana pode ser ativada ou não, desde que esta pessoa não esteja em estado de torpor, quando sua capacidade para orientar seu próprio comportamento está comprometida por lhe faltar energia; ou quando há algum trauma ou lesão que impede o livre trânsito de sua forma e conteúdo.

Enquanto as memórias são recuperações da mente, articuláveis na forma de frases que podem servir à constituição de um sentido compartilhado pelas pessoas cujas memórias se assemelham, permitindo algum tipo de entendimento entre elas, as emoções podem despertar a atenção de uma forma inarticulada (não identificáveis pelas suas partes constituintes mas pela totalidade que representam). Por esse motivo a mente humana não é capaz de descrever a emoção, limitando-se a identificá-la através de rótulos acompanhados de racionalizações estéreis. As emoções dão consistência às imagens concedendo-lhes vibração vital.

Se as imagens não dispusessem as memórias juntamente com as emoções, seriam estéreis, ou seja, não permitiriam a concepção do sentido; algo que, gerado pelos seres humanos, constitui o único meio para dar orientação e significado para a vida e, conseqüentemente, viabilizar a organização do discurso em frases, em combinações de significados em torno de significantes (seqüências sonoras), manifestações culturais, identificadas como um código. Um código como este que está sendo utilizado agora para composição deste livro, denominado "língua portuguesa", e que será utilizado por aqueles que o lerem.

Enfatizando: somente quando o negociador dá sentido à vida, à coexistência, ele é capaz de identificar algum significado relevante para a sua própria vida e, conseqüentemente, para o papel ("role") que vivencia na sua atuação profissional. E se o sentido da vida é humano, ele é limitado e transitório para o indivíduo, e portanto requer atualização periódica, a cada etapa da jornada individual.

O sentido é o fiel da balança

Se o ser humano não fosse capaz de descobrir e construir sentido, o seu limite, a sua fronteira seria um amontoado de imagens instantâneas e desconexas que jamais lhe permitiriam vislumbrar o senso de equilíbrio. Sem o senso de equilíbrio, não haveria qualquer possibilidade de buscá-lo ou de alcançá-lo mesmo durante um breve intervalo; não haveria consciência nem homeostase.

Havendo abertura para a constituição de sentido para a vida, existe a possibilidade de as imagens instantâneas e fugidias superarem a dimensão das emoções e das memórias e se consubstanciarem em sentimentos e pensamentos de cujo equilíbrio dependem a identificação e a assimilação; processos cuja qualidade é superior à qualidade do processo de comparação que pode justificar o racionalismo estéril, sem autoria declarada ou imputada a um sujeito abstrato e idealizado, apresentado sob a forma de "todo mundo" ou "ninguém" em frases como estas:

"Todo mundo sabe o que é democracia."

"Ninguém, em sã consciência, diria que o sofrimento é um desperdício."

O sentido se integra aos pensamentos e aos sentimentos das pessoas que os vivificam e os compartilham.

Uma vez que são constituídas de imagens instantâneas, estas são rastreadas (varridas ou "scanned") continuamente com os objetivos de:

1. Canalizar a energia em função da homeostase[3], promovendo a sua manutenção, de tal forma que os processos vitais tenham continuidade.
2. Mapear a situação destas imagens de forma a avaliar se as condições e o desempenho dos processos vitais se encontram dentro das faixas de tolerância dos padrões estabelecidos.

Desta forma, sempre que alterações se apresentam de maneira abrupta e/ou além dos limites de tolerância, e são captadas pela mente, esta entra num estado de alerta, de atenção, de busca de recuperação do equilíbrio que antes a caracterizava, concorrendo para tanto as diversas transformações físico-químicas próprias do corpo humano, autônoma e inconscientemente. Já os atos humanos podem ocorrer também em função da consciência dos pensamentos e sentimentos.

A estrutura das transformações inconscientes se constituiu durante milhões de anos de existência do organismo que se reconhece como humano, e é própria e comum a todos os seres humanos atuais. Já os atos conscientes se constituem pelo aprendizado individual, em repertórios limitados, o que permite que um indivíduo possa escolher, diante de um conjunto limitado de alternativas de seu repertório, aquela que considera mais adequada para a situação que está vivenciando.

Assim situados sentimentos e pensamentos, tem-se a impressão de que os sentimentos, com suas origens mais arcaicas, mais li-

---

[3] "Governam e regulam a vida, promovendo a sobrevida. Visa produzir um estado de vida melhor do que neutro (meio do caminho entre a vida e a morte), o bem-estar. Detectam dificuldades e oportunidades; eliminam dificuldades e aproveitam oportunidades. Busca da autopreservação, lutando contra toda e qualquer ameaça, pela manutenção da coerência das suas estruturas e funções". Conforme António Damásio, Chefe do Departamento de Neurologia da Universidade de Lowa (USA), à página 45 de *Em busca de Espinosa*, livro de sua autoria, editado pela Companhia das Letras em 2004.

Quem vem lá?

gadas às dimensões inconscientes, estão, em maior proporção, fora do controle do indivíduo, tendo maior autonomia, enquanto os pensamentos se encontram, em maior proporção, dentro da área de controle do indivíduo. No entanto, não há evidência disto, principalmente quando se trata de um indivíduo que está exercendo um papel, como é o caso do negociador.

Desta forma, pensamentos e sentimentos se manifestam para o indivíduo como sinais indicativos das decisões e ações requeridas em função da homeostase (própria dos seres vivos) e do sentido (que é individual e circunstancial).

Há, todavia, mais uma dimensão possível à vida humana: a dimensão da sabedoria, onde os limites da natureza e da cultura, as dimensões do conhecimento e da ilusão se evidenciam a partir da convivência, do diálogo e da constatação das semelhanças entre as pessoas, já que todas elas compartilham a vida.

A sabedoria é algo acessível ao ser humano. Não é algo distante no tempo e no espaço. Ela se constitui no reconhecimento das superstições e na superação destas, propiciando o compartilhamento da inteligência e da sensibilidade em decorrência da constatação de que os fatos estão disponíveis a todos, e de que a verdade nunca teve nem terá dono. Nesta dimensão, os indivíduos não colocam ênfase nas suas diferenças, antes se aproximam por meio de suas semelhanças, o que concorre para que o espaço entre eles se extinga, eliminando as possibilidades de conflito.

Inteligência e sensibilidade somente se manifestam quando o medo não domina as relações entre as pessoas. Não há um roteiro para que elas se constituam em ingredientes das relações entre os seres humanos, notadamente daqueles que participam de negociações; mas nem por isto elas são elementos inacessíveis, pois isto condenaria o ser humano a permanecer refém de sua ignorância e medo. Alcançá-las, no entanto, não se insere na dimensão do prazo nem do método, antes traduz-se em qualidade de relacionamento entre os indivíduos e do relacionamento destes com os fatos da vida.

Assim sendo, cabe ao negociador não só a constituição do sentido da sua vida mas, também, a atenção para o sentido que as outras pessoas dão às suas vidas por meio dos seus atos. Estas são as bússolas que orientarão a trajetória da negociação, propiciando às embarcações que "co-opetem"[4] numa mesma cadeia de suprimento, que se disponham de maneira saudável, isto é, levando em conta as potencialidades, disponibilidades e objetivos de curto, médio e longo prazos.

As empresas constituem ambientes repletos de números uma vez que considerável proporção de seus processos pode ser traduzida em dígitos relacionados a volumes, distâncias, prazos e cifrões. Estes números podem servir de base para analisar desempenhos e resultados, sendo geralmente usados para incentivar alguns comportamentos e inibir outros. Isto tudo tem utilidade inegável para a gestão da empresa e cabe ao negociador não só familiarizar-se com seus sistemas, como levá-los em consideração para orientar sua atuação profissional. Mas isto não é suficiente para dar sentido à vida, uma vez que esta extrapola as dimensões da carreira e da empresa.

Há que se estar atento para evitar mais esta ilusão. Nenhuma empresa, instituição ou pessoa traça o destino (alvo) de alguém. Somente o próprio indivíduo carrega consigo seu destino e pode atualizá-lo a cada dia, a cada ato significativo, sem ser seu proprietário. Os sentidos podem ser semelhantes. Os sentidos podem ser coordenados. Mas cada indivíduo constrói o seu.

Observação

Uma das opções feitas em relação ao processo de construção deste livro foi a de evitar, até onde isto é possível, a inclusão de citações e de notas de rodapé, apesar de seu conteúdo ser fruto não só de constatações como da leitura de obras de outros autores. O objetivo disto é proporcionar fluidez à leitura.

---

[4] O termo "co-opetem" é um neologismo criado a partir de "co-opetição" que combina competição e cooperação, e serve de título ao livro de Barry J. Malebuff e Adam M. Brandenburger (Editora Rocco – 1996).

Quem vem lá?

No entanto, o devido tributo aos livros consultados e aos seus autores é prestado pela apresentação desta bibliografia:

Percepção e realidade
Antonio Gomes Pena
Imago Editora, 1993

O olho e o cérebro
Biofilosofia da percepção visual
Philippe Meyer
Editora Unesp, 2002

O erro de Descartes
Emoção, razão e o cérebro humano
António Damásio
Companhia das Letras, 2003

Bússola
A invenção que mudou o mundo
Amir D. Aczel
Jorge Zahar Editor, 2001

Psicologia do inconsciente
Carl Gustav Jung
Vozes, 1978

A energia psíquica
Carl Gustav Jung
Vozes, 1983

Macarrão sem queijo é como namoro sem beijo!

Isto não é uma conclusão. Conclusão é fim. É morte.

Isto é só um ponto que se alcança. Mais um zero que pode ser acrescentado ao lado direito de um algarismo "1", tornando o seu valor dez vezes maior do que era.

Emoção e memória. Sentimento e pensamento. Sensibilidade e inteligência. Todos são pares inseparáveis da mesma forma que circulação e respiração. Ao olhar para um deles, é preciso sempre levar em conta o outro.

A visão que separa este daquele é a de quem disseca cadáveres em busca da *causa mortis* ou está interessado em descobrir a morfologia de um órgão. Esta visão está atrelada a um senso de urgência, pois tem ciência de estar lidando com matéria em estado de decomposição, de putrefação.

Mas a negociação não ocorre entre cadáveres dispostos em um necrotério, ocorre de forma dinâmica entre seres vivos, na esperança de que a vida não precise ser uma porcaria, uma viagem entre o desperdício e o arrependimento, sendo somente suportável mediante o consumo contínuo de drogas e ilusões.

A vida que pode ser constituída e vivida, inclusive enquanto se negocia, pode valer a pena, mas para isto a visão precisa ser íntegra e integrada. Daí a resposta à pergunta "Quem vem lá?" dada por um negociador profissional é: "uma pessoa semelhante à que a aguarda aqui". O resto são detalhes. Os detalhes podem ser relevantes, mas as semelhanças são essenciais para a negociação. Se alguém coloca a ênfase nas diferenças, está se distanciando de vivificar o papel de negociador.

Sementes de problemas e conflitos

As transformações estão acontecendo. Algumas delas são somente constatadas pelo ser humano que com elas convive. Ou seja, as transformações que ocorrem nele são concomitantes às que ocorrem fora dele.

Estas transformações que ocorrem longe da interferência humana ou apesar dela, sem que o ato humano altere significativamente sua estrutura, fazem parte dos processos naturais. A autonomia delas se evidencia à medida que estes processos se integram em grandes sistemas constituídos durante imensos períodos de tempo e que dispõem de energia própria.

Assim, as plantas hoje existem e se comportam da mesma maneira como o faziam antes de haver gente. Nos seus devidos tem-

Quem vem lá?

pos e condições, elas crescem, produzem flores, frutos e sementes; e, depois, definhando, contribuem para criar condições propícias para que sementes germinem. Desta forma, as plantas não dependem do ser humano para dar vida aos seus processos. Já o ser humano e os outros animais não conseguem sobreviver sem as plantas.

A água também se transforma. A quantidade de água é estável sobre a Terra desde que este planeta cristalizou as suas condições atuais de existência. Do estado líquido, ela passa ao sólido e ao gasoso e, depois, retorna ao líquido sempre em função do tempo e das condições que ela ajuda a criar. Os seres vivos todos dependem da água para existir, sejam eles vegetais ou animais, mas a água já seguia seu curso natural de transformações antes de eles estarem aqui e assim continuará mesmo que todos eles deixem de existir.

Estas transformações, no seu conjunto, têm seu próprio sentido e não dependem de interações e objetivos humanos. Existem, por outro lado, processos artificiais, ou seja, processos criados por seres humanos em função de suas intenções e objetivos. Estes processos não dispõem de energia própria, sendo dependentes da energia fornecida pelos processos naturais. Assim sendo, o trabalho é requerido não só para constituir estes processos como para mantê-los em funcionamento, de acordo com determinados padrões de desempenho. Conseqüentemente, cada vez que alterações significativas ocorrem no âmbito dos processos naturais que energizam um processo artificial ou quando o desempenho humano se altera significativamente, ocorrem problemas.

Uma simples roda d'água instalada no fluxo do leito de um rio pode ser danificada se o volume, velocidade e pressão da água aumentarem excessivamente em função de chuvas abundantes. Da mesma forma, será danificada se o ser humano não lhe dispensar os devidos cuidados.

Existe, ainda, a possibilidade de o processo artificial continuar funcionando exatamente como funcionava antes e surgirem problemas. Isto porque as expectativas das pessoas envolvidas se alteraram.

Outra dimensão relevante é a da integração dos processos artificiais entre si, a sintonia. Esta também depende do trabalho humano e se constitui em compartilhamento, o que torna o gênero deste trabalho diferente, na medida em que não está sob um controle único, sendo dependente da "co-laboração" de pelo menos dois lados. Desta forma, para um processo artificial ser alterado, geralmente é necessário que outros processos artificiais se alterem; caso contrário, o sistema não evolui, opera com perdas significativas e, mais uma vez, criam-se as condições para o surgimento de problemas.

É oportuno lembrar que todos os processos artificiais demandam que o ser humano exerça algumas funções com relação a ele. Estas funções são medir, controlar e gerenciar. Dito de outra maneira: os processos artificiais são medidos, controlados e gerenciados por pessoas que, para tanto, utilizam-se de algumas de suas faculdades mentais. Para medir, utiliza-se da comparação entre diferentes dimensões e, para tanto, vários instrumentos foram desenvolvidos na história da civilização. Para controlar, utiliza-se da sua capacidade para limitar e interferir e para isso também criaram-se inúmeros instrumentos. Agora, para gerenciar, depende-se da sua faculdade de dar sentido às ações e movimentos, não dispondo, para isso, de instrumentos como relógios e válvulas, mas da sua própria mente. Daí, talvez, a dificuldade de se constatar a evolução do gerenciamento que está sempre sujeito a cometer os mesmos erros do passado.

Estando os processos artificiais condenados a conviver com problemas, o ser humano criou outros processos artificiais para administrar e solucionar problemas, mantendo os conflitos dentro de patamares considerados aceitáveis pelos envolvidos diretamente.

A semente dos problemas está na diferença decorrente da comparação entre o que se esperava que acontecesse num deter-

Quem vem lá?

minado tempo e espaço (projeções nascidas das memórias e emoções), e a percepção que se teve das ocorrências durante parte deste tempo e espaço. Quando o racionalismo impera, desprezando sentimentos, as oportunidades de geração de problemas se multiplicam e podem levar ao caos.

Esta é a semente dos conflitos, só se manifestando de forma diversa, a saber, por meio do impasse gerado pelo destaque que as pessoas dão à opinião.

Se a empresa é uma criação humana (assim como governo, escola e ferramenta o são) e congrega vários processos artificiais em torno de um conceito de tecnologia, a negociação é um dos processos que se apresenta, entre estes processos artificiais, enquanto alternativa para prevenir ou superar problemas e conflitos, canalizando energias em vez de exacerbar o poder de uma das partes envolvidas. Mas é e sempre será um processo artificial, com a mesma capacidade para gerar problemas e conflitos que os outros têm, apesar de todo o empenho dos negociadores profissionais em se apresentarem descontraídos e amáveis durante a maior parte do tempo. Com um agravante: sempre lidar com problemas que uma das partes não consegue resolver sozinha.

(Os agravantes são muitos, principalmente quando envolvem amadores que acreditam nos velhos truques ou que insistem na alternativa de pressionar para obter aquilo de que necessitam. Mas não vamos detalhá-los.)

Cabe ao profissional de negociação reconhecer isto: que lida com problemas e conflitos, um território da atividade humana impenetrável à perfeição, território este que, quando invadido pelos idealismos, pode se transformar em inferno, sendo altamente recomendável que cada missão seja criteriosamente avaliada antes de ser aceita, sempre que isto for possível, é claro.

Os culpados e os loucos

Diante da complexidade dos processos existentes na atualidade e da teimosia dos seres humanos em continuar nascendo analfabetos e incapazes de se cuidar, cada vez mais o aprendizado suficiente para proporcionar a cada indivíduo a oportunidade de sustentar seus próprios hábitos (principalmente se forem urbanos) requer mais tempo. Se este aprendizado ocorrer com o suporte de um sistema educacional saudável, seu prazo pode ser abreviado um pouco mas, mesmo assim, o prazo nunca deixa de ser considerável.

Deslumbrado com a tecnologia, o ser humano investe cada vez mais numa educação apegada ao cultivo e à valorização da memória, como se ela tivesse vida independente da emoção. Diante desta visão, "amadurecimento" se transforma em palavra vazia, e alguns acham que não há tempo para levar em conta a natureza humana, uma vez que tudo é urgente e todos estão atrasados. Este artificialismo, este superficialismo se nutre dele mesmo e se manifesta na repetição de comportamentos (consagrados pelo sucesso ou não). Entre estes, se apresenta a citação compulsiva de frases de efeito e de *slogans* como se fossem a expressão da mais altaneira verdade. Ou (quem sabe) acreditando que a repetição é capaz de transformar uma frase vazia em expressão da mais pura verdade. Mas o máximo que a repetição provoca é mais repetição; a natureza do conteúdo não se altera, haja vista que durante séculos disseram que o Sol girava ao redor da Terra, mas nem por isto a Terra deixou de girar ao redor do Sol.

Há alguns *slogans* inclusive que ficaram famosos durante algum tempo. Um deles foi:

"Se você não faz parte da solução, você faz parte do problema".

Este foi adotado pelos Panteras Negras, grupo considerado radical durante a década de 1960, por encarnar a contra-ofensiva em relação à intolerância a que estavam expostos os negros nos Estados Unidos da América do Norte. Apesar deste *slogan* ter sido repetido inúmeras vezes, tanto naquele país, naquela época, por inúmeras pessoas, como por várias outras pessoas pelo mundo afora, nunca deixou de ser o que era: um *slogan*, nunca sequer se aproximando da verdade, mas foi útil para alguns. Não significa que

Quem vem lá?

tenha resolvido qualquer problema ou conflito de maneira saudável e, muito menos, prevenido que alguns destes se manifestassem. Longe disto, os potencializou ou aprofundou. Representou só mais uma manifestação de superficialismo e imediatismo que idolatram o maniqueísmo que enxerga no contrário aos seus propósitos um culpado pelos problemas e conflitos. Ou pior: um louco.

Quando uma das partes tem mais poder e usa da força para se impor pela coerção, o culpado é punido por encarnar um obstáculo presente no percurso de seu interesse, algo que dificulta o seu caminhar seguro, tranqüilo e ritmado. Dependendo do risco que o "culpado" representa, ele pode ser isolado, neutralizado ou eliminado. Isto porque considera-se que este age deliberadamente contra os interesses da parte poderosa. O que o diferencia do louco é a sua capacidade de articulação, relacionando-se com as outras pessoas de maneira planejada, desenvolvendo ações e argumentos estáveis e consistentes, caracterizados como capazes de mobilizar as pessoas tal qual uma Joana D'Arc.

Já o discurso dos considerados "loucos" peca pelo excesso, tornando-os presa fácil do ridículo. Eles não precisam ser eliminados. No máximo, podem requerer isolamento, caso se tornem inconvenientes demais. Mas como eles próprios se isolam, geralmente não requerem punição.

Interessante destacar que a culpa pode ser coletiva, justificando (para os poderosos) o uso da punição exemplar de alguns a fim de inibir iniciativas equivalentes de outros. Neste sentido, é comum se ouvir pelos corredores das empresas frases como esta:

"O pessoal está sabotando o projeto X!"

e, para que a punição seja eficiente para os olhos destes, é necessário que haja investigação. Enquanto não se identificam mais especificamente os "culpados", instala-se o estado de vigilância onde muitos são tratados como suspeitos. Resta saber se os suspeitos têm algum direito distinto dos culpados. Além disso, é bom não esquecer que alguns suspeitos são tratados como o ladrão a quem não é dado o direito de devolver o objeto do roubo que cometeu, para que, assim, deixe de ser considerado ladrão.

E o que o negociador tem a ver com isto?

É aconselhável que o negociador fique atento à dinâmica da opinião (notadamente aos interesses) pois é seu papel representar uma das partes diante da outra.

Se em algum momento os detentores do poder (tanto de uma parte como da outra) não o virem como fiel depositário da delegação a ele concedida para defender e conciliar interesses compatíveis, em função de perdas provocadas por suas ações ou em função do risco de perdas que elas apresentam, o negociador corre o risco de ser julgado e condenado por traição.

Para este tipo de julgamento, não são constituídos tribunais nem há amplo direito de defesa, na grande maioria dos casos. A sentença é anunciada e cumprida de imediato. A delegação de poder ao negociador é cancelada e, conseqüentemente, de imediato, a pessoa está impedida de exercer este papel naquela instituição. Mesmo que permaneça nela.

Ficar atento à dinâmica da opinião para conquistar o papel de negociador e para preservar-se nesta condição requer especial atenção às sinalizações extremas, aquelas caracterizadas pela punição dos "culpados" e pelo encapsulamento dos "loucos", pois estas se assemelham às marcas e pontos de iluminação das pistas de pouso e decolagem dos aeroportos. Se aquele que exercia o papel de negociador num determinado momento se constituir em sinalização extrema num outro momento, não há meios de ele recuperar este papel nesta instituição, a não ser que os detentores do poder estejam dispostos a fazer sacrifícios ainda maiores.

Este é o motivo por que alguns negociadores, ao perceberem que a temperatura do óleo está sendo aumentada para que ele seja frito, analisam serena e seriamente a alternativa de uma saída honrosa, que preserve a integridade da sua imagem pública. Ou seja,

Quem vem lá?

da mesma forma que ele fica para conquistar o papel de negociador, ele negocia para conquistar sua carta de alforria antes que a sua expulsão seja decretada.

Isto mesmo: o negociador deve lembrar que ninguém está disposto a lhe fazer doações no âmbito institucional e nem se espera que ele as faça. Todas as suas ações ocorrem sobre o palco do *businessing*, sob as luzes do poder constituído pela cadeia de suprimento e sob o olhar atento do público. Suas falas são de um porta-voz cuja autonomia pode ser equivalente à de um "garoto de recados" (*go between*) ou ser tão grande quanto a de um "dominador da situação", mas é sempre transitória autorização ou autoridade, e nunca (jamais!) é igual ou superior à de seus representados.

As pessoas assimilam estes aspectos, assim como outros próprios da negociação expostos neste livro, por meio daquilo que outras pessoas lhes ensinam (teoria) e das experiências que vivenciam ao exercerem este papel (prática). Ninguém nasce sabendo, mas traz consigo as aptidões que lhe são doadas pela natureza. Em função de a negociação ser classificada como um processo artificial a ser aprendido, a seguir serão apesentados mais alguns detalhes de sua caracterização.

Processos artificiais: alguns detalhes

O conceito de processo artificial se estrutura em torno da seguinte seqüência de elementos básicos:

Entradas   Consistem em todos os recursos e dados necessários para que um processo artificial funcione conforme planejado.

Transformações São as alterações de forma, disposição ou estado por que passam as entradas, organizadas em etapas, para que se caracterizem como saídas. As transformações relevantes para o processo agregam valor às saídas, o que significa que há pessoas dispostas a pagar pelas saídas um montante em dinheiro (valor de troca) que não estariam dispostas a pagar pelas entradas, em função da utilidade que percebem nestas saídas (valor de uso) e de seus hábitos de consumo.

As outras transformações representam as perdas, pois não colaboram para a conformação das entradas em saídas de acordo com os requisitos da clientela. Atividades envolvendo espera e transporte somente agregam valor em condições específicas. Por exemplo, certos períodos de espera são necessários para que a tinta aplicada sobre determinadas superfícies seque, o que equivale a dizer que, em casos semelhantes a este, a espera é necessária para que a transformação desejada ocorra. Em outros casos, quando a espera não propicia qualquer transformação na direção prevista, esta pode até contribuir para a deterioração ou obsolescência dos recursos.

Medições Referem-se à aplicação de um conjunto de recursos que permitem às pessoas, diretamente envolvidas na manutenção de um processo, monitorar e controlar as entradas, as transformações e as saídas. Monitorar significa acompanhar o desempenho do processo, ou seja, as transformações enquanto elas ocorrem sem interferir. Controlar implica dispor de meios para garantir que a maioria das transformações ocorra de acordo com o previsto, dentro de faixas de tolerância tanto de seqüência e ritmo, como de intensidade, inibindo as variações indesejáveis ou restringindo-as ao menor volume possível mediante o uso regular dos recursos disponíveis.

Quem vem lá?

Saídas   Constituem-se em "produto" de um processo, em seu efeito ou resultado. Qualquer desvio de processo (quando o realizado é diferente do previsto) se constitui em causa de alteração da saída.

É da combinação das medições com a capacidade do processo que nasce a sua estabilidade. Quanto mais estável é um processo artificial, mais ele se aproxima da classificação "industrial". Abaixo de um certo grau de estabilidade, ele recebe o rótulo de "artesanal".

Além disto, as saídas de um processo são as entradas de outros processos que, ao se alinharem e se aliarem, constituem a cadeia de suprimento (o que equivale a uma cadeia de valor), desde que nas saídas extremas haja um número suficiente de pessoas com hábitos de consumo para sustentar toda esta malha de processos. E atenção: o volume de dinheiro que circula numa cadeia de suprimento, em decorrência da manutenção dos hábitos de consumo das pessoas, é o núcleo de toda negociação empresarial. E quanto maior a margem de lucro praticada, maior é a sofisticação dos rituais deste processo que chegam a se caracterizar pela pompa. Quando os volumes ou margens de lucro se tornam muito restritos, o rito é sumário.

Um exemplo de processo bem simples

O processo de moer carne bovina no açougue São Brás para fornecê-la para o restaurante Mixim's, sem especificação do fluxo financeiro:

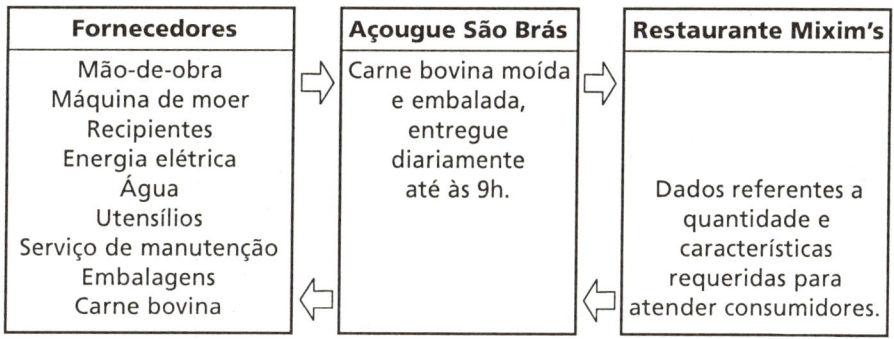

No açougue ocorrem transformações de parte do animal (boi ou vaca) caracterizadas pela separação em peças que recebem diferentes nomes (alcatra, filé, patinho). Outra transformação ocorre caracterizada pela limpeza das peças, eliminação de elementos que prejudicam o sabor ou a aparência da carne. Algumas peças selecionadas passam pela máquina de moer e são embaladas.

As medições são feitas levando em conta a cor, a consistência, o cheiro da carne (que geralmente se dão sem o auxílio de instrumentos de medição) e a pesagem é feita com o auxílio da balança (um instrumento de medição que, como todos os outros, é uma extensão dos sentidos humanos).

Este processo só tem razão de ser e se sustenta por estar integrado a uma cadeia de valor, a um sistema de suprimentos sustentado pelos hábitos de consumo significativo de uma parcela da população. Como o hábito de comer carne bovina é comum a diversas regiões do mundo, há muito tempo, este produto é considerado uma *commodity* e as negociações em torno dele se pautam não só pela dinâmica do mercado internacional, como por leis e rituais já consagrados.

Numa visão parcial e simplificada desta cadeia de suprimento, destacam-se elementos como: cultivo de pastagens, pesquisa e desenvolvimento na área da genética, criação de gado, abatedouro, frigorífico, açougue, restaurante e consumidor. Através destas circulam bens, serviços e dinheiro; e, entre eles, se constituem os domínios baseados na propriedade, organização e personalidade de algumas pessoas e nas relações que se estabelecem entre estas e seus representantes. Só participam de uma cadeia de suprimento aqueles que a constituíram e preservaram seus espaços (de um lado) e aqueles cuja participação foi aprovada posteriormente (de outro lado).

A têmpera e o tempero da negociação

Negociação é o processo artificial e essencial para o planejamento e a manutenção das relações entre os participantes de uma cadeia de suprimento. Quando a negociação entra em crise, as re-

Quem vem lá?

lações entre fornecedores, clientes, concorrentes e outros envolvidos perdem consistência. Perdem a têmpera. E deixam de ter algumas das características que as identificaram. Altera-se o tempero.

Nestas horas, é comum haver substituição dos negociadores, evidenciando o fato de que aqueles que se apresentam como negociadores não são detentores de poder maior de decisão. São representantes dos controladores de um domínio cuja permanência nesta função depende da conveniência para a ampliação ou manutenção do domínio. É recomendável, então, que as considerações em torno do processo de negociação superem as da visão mecanicista, suficiente para tratar de alguns processos industriais extremamente estáveis, monitorados, controlados e, conseqüentemente, capazes de garantir repetições sistemáticas, uma vez que negociação é atividade de seres humanos que assumem o papel de negociadores e, apesar de se servirem de inúmeros algoritmos para fazê-lo, continuam sendo seres naturais, ou seja, gerados e sustentados por uma natureza além dos territórios dominados pelo ser humano. Agora, não é porque estes territórios não são dominados que eles devem ser desprezados ou desrespeitados.

A transmissão e a recepção de dados podem ser cobertas de forma bastante abrangente a partir da análise lógica das entradas, transformações, medições e saídas, numa seqüência linear. A comunicação humana, por outro lado, é muito mais abrangente, envolvendo inúmeros aspectos e passos que ocorrem simultaneamente, fora do controle dos participantes, situando-se, desta maneira, fora das áreas de controle e não se caracterizando como totalmente previsíveis. Como sempre, a natureza (que é autônoma e infinita) restringe os limites da atuação humana, sempre condicionada ao tempo, ao espaço e à opinião.

Sem fugir a esta regra, a comunicação entre os negociadores se dá através de frases e gestos cujos significados se conformam principalmente em função de fatores ligados à:

Reflexão. Os interlocutores reconsideram o que foi debatido, não só durante as reuniões mas, também, entre uma e outra, levando em conta as demais ocorrências consideradas relevantes, provocando alterações de significado.

Situação. A negociação (que se realiza pela comunicação e se caracteriza pela tomada de decisão conjunta) está voltada para a transformação da realidade e, conseqüentemente, depende desta última. Isto equivale a lembrar que as modificações da situação consideradas relevantes por um ou mais negociadores também provocam alterações de significado.

Assim, de um momento para o outro, a tomada de decisão pode se encaminhar para direção diferente da original, pois os interesses se alteraram, dados passaram por releituras, imagens se recompuseram, delineando a representatividade das posições defendidas pelos diferentes negociadores, em decorrência de sua representatividade para a conjugação de esforços compatíveis com uma direção que é percebida como consistente com o sentido de cada um, uma vez que o gerenciamento deste processo é compartilhado.

Os aspectos apresentados a seguir merecem ser considerados, levando em conta que a visão de processo (assim como as outras) tem sua utilidade e suas limitações. A visão, por mais abrangente que seja, é sempre parcial, o que impede o acesso do negociador à verdade absoluta.

CAPÍTULO 2

O processo da negociação

Processo é um conjunto de transformações e medições que se alinham com a finalidade de gerar um "produto".

No entanto, o processo de negociação é diferente de um processo industrial (cujo produto pode ser totalmente definido e, conseqüentemente, repetido inúmeras vezes), porque não está sob o controle de uma das partes; ao contrário, está sujeito a definições das partes diretamente envolvidas (instituições e seus representantes) e interferências de outras instituições e pessoas, mesmo daquelas que não ocupam uma posição de poder devidamente constituída, como é o caso do público.

E qual o produto deste processo?

Seu produto pode assumir diferentes formas:

- Contrato;
- Acordo;
- Alinhamento de interesses;
- Aproximação;
- Distanciamento;
- Ruptura.

Embora as quatro primeiras alternativas propostas sejam mais comumente consideradas como decorrências das negociações. Provavelmente porque as expectativas das partes funcionam como impulso para este tipo de processo, visando algum ganho, e as partes não conseguem ver nas duas últimas alternativas nada que se assemelhe a objeto de desejo; antes as classificam como "desvios" decorrentes da intransigência do OUTRO, uma vez que o mais usual é identificá-lo como o culpado pelo fato de a negociação não ter evoluído na direção desejada por UM.

Mas a intransigência do OUTRO (ou a sua identificação com interesses diversos) se manifesta em função de diferentes fatores. Alguns destes são:

- Incompatibilidade entre processos empresariais (tanto no âmbito tecnológico como no âmbito gerencial);
- Compromissos já assumidos por uma das partes com outras instituições;
- Prazo insuficiente para implementação;
- Percepção de desvantagens significativas com relação a outras alternativas disponíveis;
- Percepção inconsistente de vantagens com relação a outras alternativas disponíveis.

Dessa forma, cabe ao negociador empresarial avaliar estes aspectos antes de assumir uma missão junto a seus representados e estabelecer expectativas realistas com eles para que sua imagem não seja prejudicada, em função de não atender aos seus anseios, desejos e necessidades essenciais.

Isto pode acontecer com maior freqüência quando se trata de um processo como este que, como já foi dito, não está sob o controle de somente uma das partes porque não está subordinado a uma única autoridade. É possível até que uma das partes tenha controle sobre maior número de variáveis ou sobre variáveis mais significativas, mas não tem o controle total pois, se o tivesse, não estaria envolvida numa dinâmica de negociação que somente acontece em função de uma das partes não ser capaz de atingir seu alvo sem a colaboração da outra. É isto que leva o profissional a aban-

O processo da negociação

donar sua área de conforto com o objetivo de buscar consenso com outros negociadores; caso contrário, bastaria ele decidir sozinho e implementar suas idéias.

O processo de negociação pode, então, ser representado da seguinte forma:

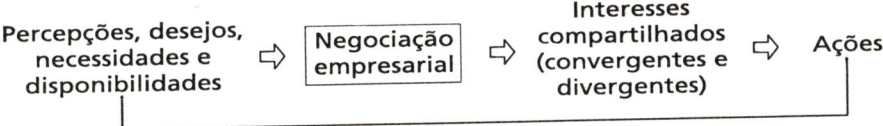

Entradas

- As percepções da realidade por parte dos representantes de cada uma das entidades são diferentes.
- As necessidades e disponibilidades das entidades envolvidas são diferentes.
- Os desejos dos negociadores (representantes e representados) podem ser compatíveis ou incompatíveis.

Portanto, o grande desafio é identificar semelhanças entre diferentes, sempre correndo o risco de intensificar as diferenças.

Saídas

- Interesses compartilhados, quer sejam eles convergentes ou divergentes.
- Ações integradas, não integradas ou conflitantes.

Pode-se afirmar que **negociar significa**:

- Identificar semelhanças entre diferentes.[Analisar]
- Caracterizar benefícios potenciais decorrentes de ação conjunta. [Avaliar]
- Valorizar a participação e a contribuição de cada uma das partes de acordo com as circunstâncias e as conveniências. [Convencer]
- Projetar ações conjuntas. [Persuadir]

Ou seja, **negociação empresarial é a aplicação do poder da lógica** em benefício das relações entre as partes, a partir da busca do fortalecimento da confiança entre os negociadores e da preservação da cadeia de suprimento que funciona como fonte de sustentação das entidades envolvidas.

Portanto, **negociação empresarial não é impor e desprezar**. Não equivale à aplicação da lógica do poder, mediante a qual "manda quem pode e obedece quem tem juízo", cuja expressão extrema é a extorsão onde uma das partes impõe sacrifícios à outra mediante ameaça. Esta última ocorre quando o bandido exige que o proprietário da loja lhe pague proteção para evitar que o seu estabelecimento seja roubado ou destruído; ou sempre que se reproduz a relação estabelecida entre "o lobo e o cordeiro", conforme narrado por Esopo.

E **negociação empresarial não é seduzir e ludibriar**. Isto é, não aplica a lógica do poder, segundo a qual "nasce um otário a cada minuto; e os otários gostam de ser enganados", cuja expressões extremas são o "conto do vigário" e o "golpe do baú" onde uma parte induz a outra à perda, mediante promessas que nunca pretendia cumprir. Ocorre, por exemplo, quando uma pessoa garante à outra um retorno fantástico e de curto prazo para um certo tipo de investimento: algo como ganhar uma fortuna com um pequeno investimento, algo que o "esperto" não tem nem meios nem intenção de cumprir. A relação entre as partes estabelecida neste caso equivale àquela narrada num trecho da estória de "Chapeuzinho Vermelho" quando o personagem principal encontra-se com o Lobo Mau em plena floresta.

Uma vez que não há como identificar *a priori* as verdadeiras intenções dos negociadores, o medo de perder e a vontade de ganhar acordam os "demônios" quando ultrapassam determinados limites. Assim, esta definição para este processo pode ajudar a nortear as ações do negociador:

Negociação é um conjunto de rituais preparatórios para a efetivação de perdas e ganhos que combina estratégias de

manutenção do nível de tensão dentro dos limites de tolerância das partes envolvidas, ao mesmo tempo que busca testar, avaliar e verificar os limites da capacidade das partes envolvidas e de seus processos.

Dessa forma, é tarefa primordial dos negociadores constituir uma área comum entre eles, uma espécie de ponte entre as partes, que inclua:

A. Liturgia para evidenciar a aproximação e distanciamento dos interesses;

B. Linguagem comum, constituída de sinais e de paramentos;

C. Procedimentos para compartilhar dados, formalização de acordos e manutenção de suas atribuições.

A. Liturgia

Os negociadores participam de rituais dentro das instituições que representam, e pelos quais são legitimados como representantes destas, que incluem reuniões com os detentores do poder durante as quais apresentam suas concepções e metas em torno de:

- Caracterização das partes envolvidas no tabuleiro da negociação, procurando estabelecer um padrão de comportamento capaz de servir de base para a previsão de seus passos mais imediatos;

- Estimativa do valor da contribuição de cada parte envolvida na cadeia de suprimento, de tal forma que se possa estabelecer até que ponto os interesses de cada parte têm peso suficiente para influenciar na constituição das regras e nas decisões;

- Percepções dos envolvidos em relação a perdas e ganhos do passado, e de problemas e oportunidades atuais; enquanto base para delineamento da estratégia incluindo: forma de aproximação aos negociadores das outras partes, ações voltadas para influenciar percepções e predisposições destes, bem como o núcleo da argumentação a ser constituída;

- Demarcação dos limites da negociação, suas faixas de tolerância e relações entre esta frente de atuação e outras frentes quanto a coordenação, subordinação e interdependência.

Já os rituais entre representantes de diferentes instituições geralmente incluem: procedimentos a serem adotados para marcar reuniões e realizá-las, assim como a freqüência, o tipo de local, os recursos a serem utilizados, a forma como as evidências e os argumentos serão apresentados e outros participantes serão introduzidos.

Estes rituais se estabelecem não só a partir do debate em torno de seus tópicos, mas principalmente a partir do uso continuado de determinadas formas, o que as torna preferenciais em relação a outras.

B. Linguagem comum

Os sinais se referem aos comportamentos verbais e aos não-verbais, de tal forma que a adoção de uma determinada postura por UM, durante uma reunião, passa a ter significado para o OUTRO. Da mesma forma, certas palavras (sejam elas de uso comum ou termos técnicos específicos das áreas de atuação das instituições envolvidas) são associadas a significados específicos.

É comum, ainda, se estabelecerem os meios como as palavras serão introduzidas no repertório dos negociadores e como serão dimensionados seus significados. Sempre levando em conta as necessidades decorrentes da amplitude de elementos e processos debatidas durante as reuniões e a complexidade das relações entre estes elementos e processos, não só das instituições representadas durante estas, mas de toda a cadeia de suprimento.

Neste âmbito da negociação, assim como em outros, o poder de uma das partes pode se sobrepor ao da outra no momento da

O processo da negociação

definição, uma vez que o poder é conquistado de fato perante o mercado num momento do passado e exercido no presente. No entanto, para que este poder se sustente, é necessária a anuência do OUTRO. O que equivale a dizer que uma das partes pode tentar impor um significado a uma determinada palavra, mas isto somente terá validade e valor se a outra parte aceitar e passar a usar.

Já os parâmetros, neste caso, se referem ao tipo de local selecionado para as reuniões, os objetos e recursos que os compõem, e à maneira de se vestir dos negociadores. Estes vão sendo estabelecidos progressivamente de tal forma que, quanto mais se prolonga o relacionamento entre os representantes legítimos das instituições que compõem uma cadeia de suprimento, maior o volume de detalhes que se acrescentam a estes, sendo que a sofisticação dos parâmetros se torna crescente conforme o volume de valor circulante se amplia.

Desta forma, até um simples convite para um almoço de negócio entre dois profissionais pode servir para identificar o grau de conhecimento e integração aos preceitos estabelecidos, envolvendo aspectos como: tipo de restaurante, tipo de prato e bebida, horário das refeições, vestimenta, etiqueta à mesa e medidas de segurança adotadas para a proteção dos participantes.

C. Procedimentos

Têm as funções principais de:

- Selecionar os dados que serão considerados válidos nas relações entre as partes, descartando aqueles que não são considerados relevantes, ameaçam ou contrariam seus interesses, independentemente do volume de evidências disponíveis ou fatos constatados pelos próprios negociadores. É claro que, quanto maior a distância entre os fatos e a opinião que compõem a base dos acordos celebrados entre as partes, maior é o risco assumido. Mas isto só reflete a visão do poder que as partes acreditam ter conquistado e ser capazes de manter;

- Definir as formas como os acordos serão elaborados e sacramentados;

- Proteger as relações entre as instituições e, até onde for possível, a representatividade dos negociadores, evitando que um ou ambos fiquem expostos diante de seus representados ou da opinião pública.

Este conjunto de rituais funciona como sentinela da confiança entre as partes, de tal forma que, assim como a sentinela abatida serve de indicador de que a unidade militar está sob ataque, quando um dos tópicos do conjunto de rituais é alterado ou suprimido, ou quando o negociador é trocado, isso geralmente é interpretado como sinal de que a situação requer cautela, sendo necessário reconstruir os acordos com relação à forma, antes de avançar para os acordos relativos a conteúdo.

Desprezar isto é sinal de incompetência, ingenuidade ou desespero. Ou, quem sabe, indica uma combinação de todos estes ingredientes em diferentes proporções.

Sem uma área de intimidade entre os negociadores, a negociação não progride. E isto requer tempo. Forçar uma aceleração nesta etapa equivale a aumentar a taxa de risco e de incerteza com relação aos possíveis acordos. A estética, a funcionalidade e a resistência desta "ponte" iniciam sua trajetória de consolidação a partir da sua concepção e permeiam seu projeto e construção. Qualquer improviso é constatado quando a obra é concluída, tanto pelos usuários como pelos observadores competentes.

Um outro paralelo pode ser feito entre a constituição desta área comum e o processo digestivo: A digestão, se concebida única e exclusivamente com base nos órgãos alinhados desde o esôfago até os intestinos, equivale a uma visão parcial deste processo, que se inicia na escolha dos alimentos, passa pela mastigação antes de percorrer estes órgãos. Esta visão parcial provoca uma abreviação do prazo considerado necessário e pode prejudicar a qualidade deste processo. Portanto, cabe ao Negociador Profissional avaliar a qualidade da área comum constituída entre as partes e a viabilida-

O processo da negociação

de de se investir mais tempo na constituição desta, em função da premência de se buscar o alinhamento de interesses.

As acelerações podem conduzir à realização de opções com base em critérios não validados junto à outra parte, o que equivale a servir uma feijoada (que, na opinião de quem serve, pode corresponder ao prato mais suculento e saudável) para alguém em plena crise de gastrite. Ou seja, aquilo que para UM ou para os seus representados constitui uma ótima opção, pode não corresponder aos desejos, necessidades e disponibilidades da outra entidade envolvida.

A concepção dos interesses em conjunto, a partir do ponto onde nenhuma das partes consegue especificar muito bem o que quer, mantendo-se nebulosas quanto às faixas de lucratividade, produtividade e qualidade, é a melhor forma de viabilizar a integração. É assim que os produtores de eletrodomésticos se comportam, ao conceberem as dimensões de fogões e geladeiras em conjunto com aqueles que concebem os espaços onde estes serão alocados nas residências e escritórios pelos seus usuários. Aqueles que querem impor preço e prazo de última hora correm o sério risco de comprar gato por lebre ou prejudicar a saúde de outra empresa ou até da cadeia de suprimento.

As negociações requerem tempo (além de todos os outros ingredientes) para conceberem e constituírem interesses saudáveis para as empresas, o que equivale a dizer que tanto os negociadores como seus representados precisam ter fôlego para participar de verdadeiras maratonas.

Querer plantar uma semente hoje, na esperança de colher fruto nutritivo e gostoso amanhã, é sinal de imaturidade psicológica e funcional. Insistir na busca de grandes resultados em curto prazo por meio de negociação leva a pequenos fiascos e grandes tragédias. Tudo depende da dose de teimosia.

A investigação é necessária. A capacidade humana para projetar impactos futuros é limitada; portanto é necessário refletir e acompanhar o andamento das ações e as suas conseqüências, visando ao permanente aprimoramento.

Veja o que acontece quando isto é desprezado: um dia resolveram substituir as garrafas de vidro para refrigerantes pelas PET (plástico). As conseqüências imediatas referentes a praticidade, custos para a cadeia produtiva e preço para o usuário final foram avaliadas. Mas será que foram avaliados impactos de médio e longo prazos? Por exemplo, que impacto isto gera quanto ao incremento do volume de lixo a ser administrado? (Ou, dito de forma mais técnica, a logística reversa foi levada em consideração?). Ou que impacto isto gera para a saúde das crianças e adolescentes que estão consumindo grandes volumes de refrigerantes?

Dessa forma, para que se alcance o alvo mediante negociação, é necessário levar em conta a dimensão tempo.

Veja por quê:

As instituições se constituem a partir de estruturas organizacionais (expressão do poder interno[5]) que definem o destino de seus recursos. Todos estes recursos são limitados (é isto que os torna valorosos) e estão alocados mediante decisões tomadas no passado, visando ganhos futuros.

Uma vez que toda negociação avalia a viabilidade ou prevê um projeto de mudança, é necessário saber como a natureza deste projeto é percebida pela estrutura organizacional. Um projeto de mudança pode ser percebido como **semeadura** ou como **poda** pela própria estrutura organizacional, tomados nas suas expressões extremas.

Projeto Semeadura

É aquele voltado para a concepção de um novo negócio quando as partes acreditam dispor de tempo e de condições para deba-

---

[5] Toda organização se orienta para a conquista e preservação de poder. A negociação é um de seus instrumentos para seguir esta orientação, não deixando qualquer espaço para o amor, a doação ou a dedicação incondicional.

ter todos os detalhes com cautela, pensando nas conseqüências previsíveis para cada ação, uma vez que não conhecem concorrentes capazes de agir antecipadamente nem de propor melhores oportunidades para seus atuais parceiros.

Metaforicamente: é possível debater as características das sementes e dos solos para identificar melhores condições de compatibilidade entre os mesmos, realizar testes piloto e formatar as diversas etapas de implementação.

Neste tipo de projeto, os riscos de confronto e de conflito entre os negociadores podem ser minimizados a partir de suas predisposições. A perspectiva é de reforma e o alinhamento de interesses se dá, predominantemente, através da perspectiva de prevenção de problemas e aproveitamento de oportunidades.

Projeto Poda

Localizado no extremo oposto, é aquele concebido para realizar mudanças significativas na estrutura organizacional, pressionadas pela concorrência, exigindo a recomposição de várias áreas de conforto mediante sacrifícios significativos para as pessoas envolvidas e extinção de privilégios.

Metaforicamente: a árvore já está formada e alguns de seus galhos enrijecidos não envergam o suficiente para se adequarem a determinadas exigências; portanto, é necessário cortá-los para que outros possam brotar dentro dos novos limites.

Neste tipo de projeto, confrontos e conflitos entre os negociadores são freqüentes e previsíveis. Resta saber se serão produtivos, se trarão alguma contribuição para a cadeia de suprimento.

Na "semeadura", os interesses vão se constituindo de forma alinhada e demandam longos debates permeados de períodos de reflexão. Sua realização demanda dedicação razoável por muito tempo.

Já na "poda", os sacrifícios se impõem às partes de forma que, se os debates não ocorrem dentro de um prazo restrito e de forma intensa, não há qualquer chance de se constituir alguma negociação relevante. A perspectiva é de revolução e o alinhamento de interesses se dá predominantemente através da perspectiva de correção de problemas.

Distinguir uma situação da outra é essencial para que se faça o necessário enquanto este for suficiente.

Para tanto, é necessário dispor de dados confiáveis e atuais a respeito da situação relevante para a cadeia de suprimento onde as empresas estão inseridas, ao longo do tempo, de tal forma que o negociador seja capaz de identificar tendências. Isto lhe permitirá chegar a indícios com relação aos limites da situação de cada uma das rodadas de negociação das quais participa, identificando traços característicos de:

- *Restrições da cadeia de suprimento*
  que podem estar ligadas a aspectos naturais ou a aspectos tecnológicos e mercadológicos;
- *Imposições das partes envolvidas*
  que podem estar subordinadas a percepções distorcidas dos detentores de poder ou a seus caprichos.

Algumas imposições podem ser flexionadas por intermédio da sensibilização provocada pela argumentação.

Algumas restrições tecnológicas podem ser alteradas desde que haja disponibilidade de tempo e de capital para investimento para viabilizá-las, isto conjugado com a perspectiva de uma relação vantajosa entre os benefícios e os custos deste empreendimento.

Entretanto, as restrições de ordem natural não se alteram. A água entra em ebulição quando sua temperatura alcança a marca dos cem graus centígrados. Isto não se altera a nível do mar. Portanto, estabelecer qualquer acordo que contrarie a disponibilidade de recursos naturais e as bases de funcionamento dos processos naturais que envolvem os recursos materiais e as pessoas é o caminho mais curto para a frustração e o desgaste.

Quanto às restrições mercadológicas, é essencial ter sempre em mente que as cadeias de suprimento se organizam em torno de

O processo da negociação

hábitos de consumo de parcelas significativas da população de uma determinada região. São estes hábitos que sustentam todas as cadeias de suprimento.

E quando é que estes hábitos se alteram?

Quando se descobrem novas fontes de recursos naturais, tornando a sua disponibilidade maior, ou quando, por diversos motivos, a disponibilidade deste recurso se torna menor. Quando novas tecnologias viabilizam o processamento e distribuição de produtos em quantidades maiores, em prazos menores ou em maiores áreas geográficas. E, também, quando parcelas da população são excluídas ou incluídas no grupo de consumidores habituais; ou, ainda, quando o volume de competidores se altera de maneira significativa a ponto de alterar a percepção que os consumidores finais têm da cadeia de suprimento e da própria participação no estabelecimento do preço.

Interesses e Resultados

Uma vez alinhados os interesses, a negociação empresarial se presta à manutenção e atualização destes. Mas os contatos

- entre os representantes de diferentes entidades; e
- entre os representantes de uma entidade com os seus representados

não são suficientes para garantir que as ações previstas sejam realizadas, daí a necessidade de eles estarem atentos à evolução das realizações evitando que as surpresas contribuam para a deterioração das relações entre as partes (quando isto não for o almejado) pois podem provocar rupturas temporárias ou permanentes e, conseqüentemente, perdas.

E os resultados?

Se tudo correr bem na negociação e as ações previstas forem realizadas a contento, existe alguma possibilidade de os resultados serem alcançados.

Se a negociação ocorrer aos trancos e barrancos e as ações acordadas não forem realizadas conforme previsto, as chances de os resultados serem alcançados são mínimas. É possível até que haja um grande sucesso neste caso, mas ele não é conseqüência das competências dos profissionais de negociação envolvidos. Ou é obra do acaso ou é uma farsa que não se sustenta por tempo razoável.

Combinar lucratividade com produtividade e qualidade com a ampliação significativa da fatia de mercado é tarefa que envolve inúmeros fatores e entidades como governo e concorrentes. Com estes últimos, recomenda-se a negociação permanente para manutenção da competição cooperativa (aquela que se dá com o objetivo de preservar ou aumentar o mercado consumidor, evitando, por exemplo, o prejuízo decorrente da guerra de preço) sem a qual as partes correm o risco de compartilhar muitos prejuízos.

Entre os fatores envolvidos, existem alguns ligados à atuação do negociador profissional. A eles serão dedicadas todas as atividades a partir de agora, sempre lembrando que a atuação profissional resulta da combinação entre duas áreas:

Atuação profissional
- **Relacionamento Pessoal** [atitudes]
- **Realização de Tarefas** [competências]

Atitudes

São conjuntos de comportamentos percebidos pelas pessoas com quem o profissional se relaciona. A freqüência com que ocorre um determinado tipo de percepção, combinada com a intensidade desta, incorpora traços à imagem mental que o OUTRO[6] tem dele.

Estes traços ficam armazenados nas memórias do OUTRO como se fossem núcleos em torno dos quais gravitam julgamentos e predisposições à atração ou à repulsa, que se tornam mais ou

---
[6] Este "OUTRO" (grafado com letra maiúscula) refere-se ao "outro negociador".

menos relevantes em função dos interesses de cada um durante cada rodada de negociação.

Assim, o senhor Fulano de Tal pode ser considerado recomendável para atuar como negociador numa determinada situação, em decorrência da percepção que os outros tiveram de seus comportamentos, da sua forma de se relacionar com determinadas pessoas, de maneira que isto o credenciou para assumir determinada missão.

As percepções, os critérios e as missões variam. O que equivale a dizer que os comportamentos do senhor Fulano de Tal podem continuar os mesmos e ele num determinado momento ser credenciado e, num momento seguinte, ser descredenciado em função unicamente da conveniência. A conivência também é relevante neste caso, uma vez que os comentários que fazem a seu respeito também influenciam neste tipo de escolha.

Veja o que ocorre com o personagem Rubião, as percepções e comentários a seu respeito, durante os capítulos CLXXXII e CLXXXIII do livro denominado *Quincas Borba*, de Machado de Assis:

> Desde o Paço Imperial, vinha gesticulando e falando a alguém que supunha trazer pelo braço, e era a imperatriz. [...] Uma turba de moleques acompanhava o Rubião, alguns tão próximos, que lhe ouviam as palavras. Crianças de toda a sorte vinham juntar-se ao grupo. Quando eles viram a curiosidade geral, entenderam dar voz à multidão, e começou a surriada:
>
> "Ó gira! Ó gira!"
>
> [...]
>
> Um deles, muito menor que todos, apegava-se às calças de outro, taludo. Era já na Rua da Ajuda. Rubião continuava a não ouvir nada; mas, de uma vez que ouviu, supôs que eram aclamações e fez uma cortesia de agradecimento. A surriada aumentava. No meio do rumor, distinguiu-se a voz de uma mulher à porta de uma colchoaria:
>
> "Deolindo! Vem para casa, Deolindo!"

Deolindo, a criança que se agarrava às calças de outra mais velha, não obedeceu; pode ser que nem ouvisse, tamanha era a grita, e tal a alegria do pequerrucho, clamando com a vozinha miúda:

"Ó gira! Ó gira!"

[...]

O filho (Deolindo) era uma pestezinha, um endiabrado, que não sossegava; não podia perdê-lo de vista. Qualquer distração, estava na rua. E isto desde pequenino; tinha ainda dous anos, quando escapou de morrer embaixo de um carro, ali mesmo; esteve por um fio. Se não fosse um homem que passava, um senhor bem vestido, que acudiu depressa, até com perigo de vida, estaria morto e bem morto. Nisto o marido, que vinha pela calçada oposta, atravessou a rua e interrompeu a conversação. Trazia o cenho carregado, mal cumprimentou a vizinha, e entrou; a mulher foi ter com ele. Que era. O marido contou a surriada.

"Passou por aqui." (disse ela.)

"Não conheceste o homem?"

"Não"

"É aquele homem que nos salvou o Deolindo da morte."

[...]

"Eu ainda quis dar o braço ao homem, e trazê-lo para aqui; mas tive vergonha; os moleques eram capazes de dar-me uma vaia. Desviei o rosto, porque ele podia conhecer-me. Coitado!"

Rubião que foi aclamado como herói ao salvar a vida de Deolindo é desprezado pelo pai do garoto, ao vê-lo falando sozinho e alvo de zombaria dos moleques.

Por isto, é preciso tomar cuidado, selecionar os seus comportamentos diante daqueles que decidem e daqueles que interferem na tomada de decisão, se o seu objetivo é manter-se elegível para atuar como representante da instituição onde você trabalha, durante rodadas de negociação.

Fique atento às principais atitudes que normalmente são levadas em consideração para julgar um negociador.

Algumas atitudes características do Negociador Profissional

O negociador profissional geralmente se comporta diante de outros negociadores como um colecionador ao visitar uma loja de antigüidades. Da mesma forma que o colecionador evita demonstrar ao dono da loja seu interesse com relação a uma peça exposta, uma vez que sabe que isso costuma servir de base para tornar o preço desta peça maior.

Seus gestos podem parecer espontâneos e naturais, mas ele está vivificando um papel. Espontaneidade e naturalidade não caracterizam seu comportamento assim como não caracterizam o comportamento de um ator. Sem querer dizer, com isso, que o negociador é um fingidor profissional. Seus gestos e palavras são construídos e pesados antes de serem exteriorizados com a finalidade de colaborar para a construção de imagens na mente do OUTRO, imagens que lhe convêm, com um propósito definido. Isto não implica que o negociador seja desonesto. Antes, enfatiza o seu compromisso com a assertividade e com a significação que está sendo construída junto com o seu auditório, uma vez que a sua função é influenciar, aproximar interesses e não é simplesmente revelar opinião e muito menos ofender aqueles com quem negocia.

Quando se trata, então, de produção de textos na forma escrita, seus cuidados se multiplicam, uma vez que estes se constituem em documento onde estão registrados compromissos destinados a nortear as ações futuras das partes.

Assim, através principalmente do encadeamento de seus comportamentos verbais, constituem-se as atitudes do negociador profissional cujos traços mais característicos são:

Parcimônia ao tratar com o poder que lhe é delegado

O negociador demonstra ter consciência de que um certo poder lhe foi delegado com uma finalidade específica, sem dar a impressão de ser dono deste poder que pode deixar de ser delegado a ele em função de inúmeros fatores, muitos deles absolutamente fora de seu controle ou sujeitos ao puro acaso.

(O caso do senhor Rubens Recupero, enquanto exercia a função de Ministro do governo Fernando Henrique Cardoso [1995 a 2002], cuja permanência na função ficou insustentável quando suas confidências a um jornalista da Rede Globo, durante conversa preparatória a uma entrevista, foram captadas por pessoas de fora daquela emissora, que não eram suas destinatárias. Tudo porque alguém deixou um canal de som aberto ao público externo quando não devia ter feito isto. Pura obra do acaso!)

É recomendável que o negociador tenha sempre em mente que seu poder é temporário, mais cedo ou mais tarde a delegação cessará e, após isto ter acontecido, ele continuará vivendo as consequências do que fez durante o período que representou os interesses de determinada instituição. As demonstrações de força feitas pela imposição de condições a fim de explorar fragilidades alheias ou de aprofundá-las, deixam marcas na mente do OUTRO, provocam reações principalmente quando aquele que antes impunha agora já não pode mais fazê-lo.

Aconselha-se ao negociador dispor de critérios claros para selecionar a alternativa mais adequada de encaminhamento para cada situação, sem ignorar a potencialidade de uma ação para ferir pessoas. Assim, a parcimônia permite que se identifiquem (tanto quanto possível) as fronteiras entre as dimensões dos campos de relacionamento entre negociadores, adversários e inimigos, antes de tomar uma decisão.

Outros cuidados:

- Evitar tratar o poder conquistado temporariamente como se fosse propriedade definitiva;
- Evitar fazer demonstrações de força como forma de se exibir junto a subordinados e pares;
- Ficar atento aos sinais de aprovação e de desaprovação emitidos por pares e superiores.

Cuidado ao lidar com o poder do OUTRO

Diante do poder que se acredita que o OUTRO representa, é comum ocorrerem demonstrações extremadas de submissão ou de rebeldia. Estas deixam marcas fortes na imagem pública de quem as pratica, não só na mente do OUTRO como de outras pessoas que compõem o auditório e, conseqüentemente, a testemunham.

Mais do que isso: as manifestações de UM diante do OUTRO colaboram para a manutenção, valorização ou depreciação da autoridade e da representatividade deste último. Assim sendo, a cautela é recomendável porque cada uma das três alternativas traz conseqüências para ambas as partes. Ao colaborar para a manutenção do poder do OUTRO, o negociador está demonstrando seu interesse em tê-lo como seu aliado. Quando contribui para a valorização do poder do OUTRO, assume o risco de ultrapassar certos limites e, com isto, tornar as próximas rodadas de negociação mais custosas para si próprio. Agora, ao depreciar a autoridade do OUTRO, gera constrangimentos imediatos que podem se transformar em retaliações a médio e longo prazos; da mesma forma que desmerece a rodada de negociação e gera as seguintes dúvidas: Por que alguém se dispõe a participar de uma reunião de trabalho com uma determinada pessoa, se não acredita que esta dispõe dos requisitos necessários para o exercício deste papel social? Qual a intenção de quem age desta forma? Afinal UM quer contribuir para que o OUTRO cumpra a sua parte ou não?

É recomendável identificar o grau de autonomia dado ao OUTRO pelos seus representados e verificar se esta é suficiente para proporcionar o alinhamento de interesses relevantes para o momento, procurando interferir o mínimo necessário neste aspecto. Mas jamais subestimando-o.

Acessibilidade

Mantendo um certo padrão de cortesia para com os demais, de forma a evitar a pecha de oportunista, ou seja, aquele que só manifesta alguma simpatia com relação a alguém quando este pode favorecê-lo de alguma forma.

Tolerância com relação a manifestações alheias de opinião, ouvindo-as sem expressar críticas.

Seletividade ao manifestar a opinião que sustenta, apresentando-a somente quando esta for absolutamente relevante e estiver preparado para fazê-lo.

Discrição

Preservando o sigilo com relação aos aspectos estratégicos que lhe são confiados.

Cautela diante do sucesso

- Evitando despertar a inveja dos outros;
- Sempre permitindo uma saída honrosa para os outros negociadores.

Assertividade

Evitando os extremos da passividade e da agressividade.

Comportamentos		
Passivo	**Agressivo**	**Assertivo**
Nega a si próprio	Valoriza-se à custa dos outros	Valoriza-se
Inibe-se	Expressa-se enfaticamente	Expressa-se polidamente
Deprecia-se	Deprecia os outros	Sente-se bem consigo mesmo
Submete-se às escolhas alheias	Escolhe pelos outros	Escolhe por si
Não atinge seus objetivos	Atinge seus objetivos com sacrifício alheio	Atinge seus objetivos

Ainda em termos gerais, é sempre bom lembrar que, quanto mais os atos do negociador forem percebidos como espontâneos e naturais (próximos da fala inercial, apesar de toda preparação, ensaio e cautela), menores chances há de despertarem resistências. Por outro lado, quanto mais seus atos apresentarem traços característicos de afetação e premeditação, maiores chances há de despertar impermeabilidade e distanciamento.

O relacionamento

As evidências apresentadas até o momento indicam que o núcleo da negociação é constituído de três elementos combinados:

UM – RELAÇÃO – OUTRO

que se vinculam a diferentes dimensões de representatividade:

De	Junto a
UM	OUTRO
UM	Representados pelo OUTRO
OUTRO	Seus Representados
OUTRO	UM
OUTRO	Representados por UM

além da representatividade de ambos junto ao público em geral. Sendo que todos estão inseridos numa mesma cultura.

Este é o palco onde o papel (*role*) social de negociador é vivenciado de tal forma que nenhuma das partes é capaz de alcançar seu intento sem a colaboração da outra, uma vez que a solução do problema (tema principal da peça teatral que encenam) está fora do domínio de uma ou de outra, mas encontra-se numa área compartilhada por ambas, área esta de interseção de seus domínios.

Mas o que é papel social?

"O termo inglês 'role' (=papel) [...] deriva do latim 'rotula' [...], as diversas partes da representação teatral eram escritas em 'rolos' e lidas pelos pontos aos atores que procuravam decorar seus respectivos papéis. [...] O papel é a forma de funcionamento que o indivíduo assume no momento específico em que reage a uma situação específica, na qual outras pessoas ou objetos estão envolvidos". [página 27]

"O homem é um intérprete de papéis e qualquer indivíduo se caracteriza por um certo repertório de papéis que dominam o seu comportamento e toda e qualquer cultura é caracterizada por um certo conjunto de papéis que ela impõe, com variável grau de êxito, aos seus membros". [...] "Pode ser útil distinguir entre 'role taking' (= recebimento de um papel) com o que nos referimos à adoção de um papel acabado, plenamente estabelecido, que não permite ao indivíduo qualquer variação, qualquer grau de liberdade; 'role playing' (= interpretação de papel) o que permite ao indivíduo, um certo grau de liberdade; e 'role creating' (= criação de papel) o que permite ao indivíduo um alto grau de liberdade. [...] Um papel compõe-se de duas partes: o seu denominador coletivo e o seu diferencial individual." [páginas 413 e 414]

Estes trechos do livro *Psicodrama* de J. L. Moreno (Editora Cultrix, 1978) são apresentados porque sintetizam exposições de conceitos essenciais para o entendimento do que representa a denominação "negociador".

Assim, para assumir o papel de negociador (*role taking*) e ser reconhecido como tal, o indivíduo precisa dominar um certo repertório de comportamentos próprios deste papel e um repertório de critérios que lhe permitam selecionar e ativar um determinado comportamento, de acordo com normas de conveniência ao poder. Só depois de ter vencido esta primeira etapa, pode-se experimentar vôos mais altos por meio do *role playing* até alcançar a maestria do *role creating*.

No entanto, o mais comum é o negociador se limitar ao *role playing* em função do sentimento de conforto e de segurança que esta acomodação lhe permite.

Esta encenação social compartilhada por aqueles que assumem o papel de negociador se avizinha do jogo, e por isso há sempre o risco de confusão. A única forma de evitá-la é lembrar que o jogo não é negociação. Uma rodada de negociação pode conter simula-

O processo da negociação

cros com o objetivo de testar a consistência de determinados limites anunciados e sua resistência à pressão; mas negociação não é jogo, pois a estrutura do jogo[7] prevê o compartilhamento da ilusão de forma clara.

O papel do negociador é uma alternativa que se apresenta para alguns indivíduos que são convidados a representar os interesses das pessoas que se organizam na forma de uma instituição. Para assumi-lo, os convidados precisam se inteirar de que existe uma determinada dimensão em que se inserirão durante a etapa do *role taking*, dimensão esta de caráter mental e social, caracterizada pela dinamização dos seguintes aspectos: hábitos, habilidades, percepção e interesse.

Estes aspectos combinados se constituem em opinião e mobilizam o ser humano e o seu sentido de vida, a partir do momento em que participa do corpo de atores deste teatro, já tendo ultrapassado a etapa do *role taking* quando se comporta, diante do repertório de papéis sociais, como um cliente que escolhe um prato por meio da consulta a um cardápio que foi elaborado muito antes de sua chegada ao restaurante; para assumir que é um *role player*.

"Ser é devir, é durar, é mudar;
é portanto também não ser mais, ou antes (já que não ser mais
é não ser nada) é também se desgastar, se cansar e desaparecer,
e é isso que o tempo significa: há sempre ser, mas não são sempre os
mesmos seres que são."

O Ser-Tempo,
de André Comte-Sponville
Martins Fontes, 2000, p. 141.

---

[7] "A frivolidade e o êxtase são os dois pólos que limitam o âmbito do jogo. O jogo tem, por natureza, um ambiente estável. A qualquer momento é possível a 'vida cotidiana' reafirmar seus direitos, seja devido a um impacto exterior, que venha interromper o jogo, ou devido a uma quebra de regras, ou então do interior, devido ao afrouxamento do espírito do jogo, a uma desilusão, a um desencanto." *Homo Ludens* de Johan Huizinga, Perspectiva, 1980, p. 24.

Os hábitos do negociador

Falar de hábito é falar de opinião. Desta forma, antes de mais nada é essencial observar que:

**A opinião dura e muda.
E não importa quanto ela muda; ela é sempre opinião.**

O que são hábitos, então? São atos humanos que se repetem com determinada freqüência e regularidade, na forma de pensamentos/sentimentos, palavras e ações preferenciais do indivíduo que vivencia um papel diante de determinadas conformações de situação que lhe sejam acessíveis pelos sentidos. Uma vez incorporados, somente deixam de ser realizados quando há um impedimento ou quando são substituídos.

Apresentam-se inicialmente como alternativas ao indivíduo, na medida em que as pessoas que o antecederam na história da vida os realizavam rotineiramente e, assim agindo, passaram a impressão de que estes hábitos, em vez de se constituírem em produtos de processos artificiais, se tratavam de processos naturais. Assim internalizam-se hábitos complexos de fala, bem como outros mais triviais como usar certos tipos de roupas em função das alternativas contextualizadas que se apresentam como compatíveis com os diferentes papéis vivenciados.

Por outro lado, uma pessoa pode assumir diferentes papéis (mãe, professora, atriz, escritora, negociadora) desde que estes sejam compatíveis entre si e seus hábitos característicos possam ser mantidos dentro de determinados padrões de especificidade e regularidade. A partir do conjunto de papéis a que uma pessoa dá vida em colaboração com o conjunto de papéis que outros vivificam é que se constitui a significação e a orientação de suas vidas, o seu sentido.

Os papéis, enquanto alternativas, já existem na sociedade e um indivíduo escolhe alguns deles, mas o sentido está sempre em construção, é fruto de trabalho e é dinâmico gerador e consumidor de energia vital. Portanto, ao se constituir uma oportunidade/ necessidade de *role taking* envolvendo o papel social de negociador, é preciso lembrar que vivenciá-lo demanda energia. Se a disponibilidade de energia individual não é infinita, então é necessário, pelo menos inicialmente, que a energia e o tempo necessários para viver este papel sejam subtraídos de outros papéis que já vinham sendo interpretados, até que na fase de *role playing* ele se constitua em gerador de energia. Isto, sim, é que dá sustentação à motivação humana e não somente as necessidades como sugerem alguns. Somente assim existe alguma chance de se diferenciar gente de bicho.

Há papéis que não são compatíveis. Por exemplo, ser médico responsável por uma maternidade e administrador de uma funerária podem se apresentar como papéis incompatíveis entre si em função de suas naturezas, ou seja, um está ligado à chegada à vida e o outro, à despedida. Da mesma forma, pode haver incompatibilidade entre o exercício de dois papéis durante o mesmo período de tempo: ser frentista de um posto de combustíveis e motorista de táxi ao mesmo tempo não é possível, uma vez que um se dispõe a abastecer veículos dos clientes enquanto o outro se dispõe a transportar seus clientes no veículo que ele próprio dirige.

Se alguém deixa de realizar determinados hábitos próprios de um papel, durante um determinado intervalo significativo de tempo, passa a não ser mais reconhecido como vivificador deste papel, apesar de inúmeros motivos aceitáveis para deixar de fazê-lo. Daí que uma professora pode obter licença de um conjunto de hábitos para se dedicar mais ao papel de mãe. Mas dificilmente obteria licença do conjunto de hábitos que a caracterizam como mãe para exercer qualquer outro papel.

Além disso, os hábitos se constituem também de preconceitos (=pré-conceito, concepções que se cristalizam antes de o indivíduo ser capaz de compreendê-las); ao assimilá-los como modo de vida, trazem consigo intolerâncias a outros hábitos e uma postura crítica, contrária aos que incorporam estes últimos ao seu modo de vida, simplesmente porque são diferentes.

Convém, então, que o negociador perceba as diferenças de hábitos, reconheça seus próprios julgamentos e preconceitos com relação aos hábitos do OUTRO e verifique se é possível conviver de maneira tolerante com estas, ou seja, sem comprometer o seu próprio equilíbrio, o que poderia concorrer para degradar o espaço dialógico destinado à relação entre UM e OUTRO.

Neste contexto, qualquer mudança de hábito é relevante. A cautela deveria ser um componente da mudança de UM. A atenção para identificar o significado deveria estar sempre presente durante a mudança de hábito do OUTRO.

E quem quiser ter uma noção do que significa a mudança de hábito pode assistir à peça *Gota d'água* de Paulo Pontes e Chico Buarque de Holanda, ou ler o seu texto onde se encontra Joana, personagem principal, vestindo os filhos para irem ao casamento de seu pai, Jasão, com uma outra mulher:

"Meus filhos, vocês vão lá na solenidade, digam à moça que mamãe está contente tanto assim que lhe preparou este presente para que ela prove como prova de amizade. Beijem seu pai, lhe desejem felicidade co'a moça e voltem correndo, que eu e vocês também vamos comemorar, sós, só nós três, vamos mastigar um naco de eternidade."

Mais uma coisa: depois de incorporados, os hábitos não só dão identidade ao receptor do papel como são vistos pelo receptor como idênticos a ele, como demarcadores de sua identidade ao pensar, sentir, falar e agir. Isto em razão de a mente humana ser ao mesmo tempo o observador e o objeto observado e, portanto, presa fácil de suas próprias ilusões, dos próprios jogos com que se entretém na inércia do conforto. Afinal, para constatar seus próprios hábitos e o seu apego a eles, há que se realizar um trabalho que mobiliza volumes consideráveis de energia de qualidade diferenciada.

E dos hábitos se fazem habilidades

A partir da incorporação dos hábitos ao cotidiano exercício de um papel, desenvolvem-se habilidades.

O processo da negociação

Não há evidência de que qualquer habilidade humana possa ser gerada por outro caminho que não seja o constituído pelos hábitos, apesar de alguns oportunistas de plantão dizerem o contrário, para lucrar com base na ilusão daquele que acredita que "deve existir" um jeito de conquistar a habilidade, a curto prazo, sem trabalho nem disciplina, por um preço módico. Mas se a solução dos problemas estivesse nos algoritmos (receitas, procedimentos e prescrições) uma série de doenças tropicais existentes no Brasil já teria sido erradicada e também não haveria carência de estoque nos bancos de sangue.

As habilidades se caracterizam por um saber fazer e pela consciência das dimensões deste em decorrência do exercício habitual, podendo ser organizadas em conjuntos e classificadas em:

- Habilidades predominantemente voltadas para a realização de tarefas; e
- Habilidades predominantemente voltadas para o relacionamento com o OUTRO.

Numa visão mais restrita, as competências necessárias para o preenchimento de um cargo ou função existente em uma empresa podem ser descritas visando orientar os processos de seleção, treinamento, acompanhamento e avaliação do desempenho dos profissionais. Para tanto, é aconselhável que o conceito de competência seja estabelecido:

Competências

As competências são produto do processo de aprendizado por que passaram as pessoas, e se organizam em torno de dois aspectos:

Saber Fazer	Fazer
Conhecimento	Prática
Memórias acumuladas que podem ser recuperadas intencionalmente quando se deseja aplicá-las.	A realização de tarefas específicas com freqüência e eficiência previamente estabelecidas.

As competências não são inatas, são adquiridas. As competências essenciais de uma empresa (core competencies)[8] são sustentadas pelas competências individuais desde que elas se organizem e se alinhem às competências de seus pares, superiores e subordinados.

Uma competência de um indivíduo mantida isolada é incapaz de agregar valor, ou seja, as competências somente dão alguma contribuição quando integradas a uma ou mais cadeias de valor.

Desta forma, as competências apresentadas a seguir somente têm relevância para o processo de negociação empresarial quando consideradas no seu conjunto.

Em alguns casos, para superar deficiências de um negociador, organizam-se duplas ou grupos de negociadores. Os decisores que agem desta maneira precisam ficar atentos para preservar a afinação entre estes profissionais, estando cientes de que optando pelas duplas ou grupos de negociadores, para representá-los, precisarão de mais tempo ainda para a sua preparação e para que criem a área comum com os representantes das outras instituições.

É necessário também que os decisores lembrem-se de que enviar mais do que um representante para uma rodada de negociação pode ser interpretado como predisposição para a disputa.

Algumas competências necessárias ao Negociador Profissional

Estas competências foram levantadas junto a negociadores a quem prestamos consultoria ou que participaram de nossos cursos e seminários:

1. Pesquisar dados sobre o mercado;
2. Situar empresas no cenário atual;
3. Analisar estratégias empresariais;
4. Analisar problemas e oportunidades;

---

[8] *Competindo pelo Futuro*, de Gary Hamel e C.K. Prahalad. Editora Campus, 1995.

O processo da negociação

5. Avaliar alternativas para resolver problemas e aproveitar oportunidades;
6. Formatar alvo e passos para negociar;
7. Identificar limites de flexibilização e seus riscos;
8. Estimar relações entre custos e benefícios das alternativas;
9. Reconhecer comportamentos, truques e táticas;
10. Realizar comportamentos, truques e táticas;
11. Elaborar e apresentar argumentação;
12. Avaliar avanços da negociação;
13. Reportar avanços da negociação para seus representados;
14. Fomentar consenso;
15. Estabelecer acordos;
16. Participar da elaboração da pauta da rodada de negociação;
17. Avaliar acordos;
18. Acompanhar execução de acordos;
19. Analisar resultados imediatos e mediatos;
20. Impor limites;
21. Romper acordos;
22. Denunciar manobras;
23. Reconhecer limites;
24. Testar limites;
25. Promover reconciliação;
26. Administrar ritmo da negociação;
27. Gerenciar ansiedade;
28. Reconhecer tentações;
29. Registrar compromissos;
30. Cumprir compromissos.

    Para concluir esta parte, lembre-se de que a tecnologia, que tanta paixão desperta na atualidade, é decorrência da restrição da capacidade humana (da "concentração" como alguns podem preferir) que, em tese, é ampla mas que, na execução, é única.

Assim, se o ser humano tem capacidade para falar todas as línguas existentes na atualidade, na realização ele se restringe a uma. Pode até ser um poliglota, mas só se expressa em uma língua de cada vez, e completa pelos menos cada uma de suas frases em uma língua, se tem algum intuito (por menor que seja) de se comunicar.

A própria palavra "tecnologia" identifica esta questão na sua etimologia, combinando *techné* (ação, prática, fazer) submetida ao *logos* (saber, conhecimento, verdade, especulação), eliminando qualquer espaço ao virtual e denunciando que é do *logos* que vem a *techné*, que é do "saber" que vem o "fazer". No entanto, é fazendo que se atualiza o saber. De qualquer forma, sem gente não existe tecnologia, nem tempo, nem espaço. Sem gente, não existem processos artificiais, não existem problemas nem a possibilidade de estes serem transmitidos de UM para OUTRO. É claro que, para algumas tecnologias, existem as patentes e os *royalties*, mas as questões financeiras não são tratadas aqui.

Finalmente, hábitos e habilidades se incorporam à existência humana e se, em princípio, as habilidades dependem dos hábitos, há também casos em que, para o indivíduo se constituir em *role taker*, ele dependerá de algumas habilidades que o capacitem a assumir determinados hábitos. Ambos, no entanto, somente se sustentam se estão incorporados a uma cadeia de suprimento onde os recursos necessários são garantidos, em função dos hábitos de consumo daqueles que dependem dos produtos desta cadeia.

De quem é esta percepção?

É o perceptor que tem a percepção ou é a percepção que tem o perceptor?

As sensações indicam ao indivíduo que tanto ele como o mundo existem. Estas indicações ganham consistência a partir da dinâmica desta existência, a vida. As sensações são múltiplas e coexis-

O processo da negociação

tem constituindo a percepção que é "a nossa inerência às coisas"[9]; por isso nenhuma percepção existe sem que esteja vinculada a hábitos, habilidades e interesses, e exatamente em função destes vínculos pode se apresentar como ilusão, "fazendo passar por uma percepção autêntica aquela que foi apenas extraída de um arquivo mnêmico" [10], ou seja, arquivo da memória do indivíduo.

Umas das grandes ilusões é o racionalismo que, excluindo-se da vida, se esteriliza e somente reconhece aquilo que se enquadra no seu padrão perceptivo e representativo. Quem conhece a causa disto? Talvez o comodismo? Talvez a "impossibilidade de descrever os modos individuais de percepção. A linguagem não o permite e as variações são muito grandes de pessoa para pessoa. Além disto, se o gosto do chocolate, por exemplo, é provavelmente o mesmo para todos, nada indica que um pedaço derretendo na boca gere precisamente a mesma percepção em todas as pessoas".[11]

Cada percepção é única para o indivíduo ao qual se vincula, assim como se vincula a circunstâncias, espaço e tempo específicos. Daí, buscar repetir percepções ser o caminho seguro para a frustração. No máximo, as percepções são semelhantes. Qualquer passo além da semelhança é ilusório.

Uma vez que a extensão e a profundidade deste tema não cabem neste livro, em função de este não ser seu tema central, apresenta-se mais esta citação, tirada da página 569 de *Fenomenologia da Percepção*:

> No presente, na percepção, meu ser e minha percepção são um e o mesmo, não que meu ser se reduza ao conhecimento que tenho dele e esteja claramente exposto diante de mim — ao contrário, a percepção é opaca, ela põe em questão, abaixo daquilo que conheço, meus campos sensoriais, minhas cumplicidades primitivas com o mundo.

---

[9] *Fenomenologia da Percepção*, de Maurice Merleau-Ponty, Martins Fontes, 1994, p. 469.

[10] *O olho e o cérebro – Biofilosofia da percepção visual*, de Philipe Meyer, Unesp, 2002, p. 87.

[11] *O olho e o cérebro – Biofilosofia da percepção visual*, de Philipe Meyer, Unesp, 2002, p. 82.

Para lembrar que aquele que se dispõe a vivenciar o papel de negociador se dispõe também a perceber a si próprio e ao mundo de maneira específica e, como toda especificidade inclui limitações, a percepção do negociador também é limitada requerendo cuidados para reconhecer estas limitações que podem, no extremo, alcançar o *status* de conclusão, quando já não há mais inteligência nem sensibilidade, uma vez que toda conclusão é morte.

Mas para que elementos os negociadores profissionais geralmente ficam atentos, com o objetivo de atualizar tanto quanto possível suas percepções?

Com base em meus levantamentos junto a negociadores, foi possível compor este **"Check list" do negociador**.

1. Do que eu disponho para negociar?
2. O plano estratégico da negociação está bem elaborado?
3. A agenda de negociação foi estabelecida entre as partes internas e externas envolvidas?
4. Eu conheço meus limites para negociar?
5. Eu conheço profundamente o "produto" que eu vou negociar?
6. Eu domino o assunto que será tratado?
7. Quais os recursos de que eu disponho para participar desta rodada de negociação?
8. De que forma eu vou buscar mais informações antes de dar informações?
9. As alternativas de propostas estão claramente definidas?
10. Eu interpretei as propostas adequadamente?
11. Eu preparei a minha estratégia e argumentação para abordar o tema principal?
12. Eu consigo falar somente o necessário depois de ouvir o suficiente?
13. Qual é a disponibilidade de tempo?
14. Qual é o foco da negociação?
15. Que temas podem ser abordados durante a conversa informal?

O processo da negociação

16. Que temas não devem ser abordados durante esta rodada de negociação?
17. Qual o ganho esperado para a negociação como um todo?
18. Qual é a minha margem de segurança?
19. O que eu represento para o OUTRO? Qual é a imagem que o OUTRO tem de mim?
20. Qual é o cenário onde esta rodada de negociação está inserida? Ele é nítido?
21. Eu estou preparado para ser assertivo a respeito deste tema?
22. O que eu sei a respeito do objetivo do OUTRO?
23. Estou equilibrado tanto física como mentalmente?
24. Qual é o meu objetivo? O que eu quero que o OUTRO faça?
25. Eu consigo conviver de maneira equilibrada com as minhas emoções?
26. Eu me lembro de que eu represento uma entidade durante a negociação?
27. Os dados e argumentos técnicos são consistentes e convincentes?
28. Para que tipo de problema eu não estou preparado?
29. Qual é a minha "área de conforto"?
30. O que eu preciso aprender para ampliar ou aperfeiçoar competências essenciais de negociador profissional?
31. De que forma eu posso melhorar este check list, aperfeiçoando a forma de suas perguntas atuais ou acrescentando outras perguntas relevantes?

Além disto, para que seu relógio e sua bússola não se desajustem de forma a se tornarem comprometidos e de pouca utilidade para o negociador se localizar na trajetória da negociação, é aconselhável que fique atento a dois fenômenos circunscritos à percepção. Trata-se da assimilação e da identificação.

A assimilação se dá quando a relação de UM com o mundo estimula sua mente em função de semelhanças físicas e químicas entre estes. Assim, a neurologia vem demonstrando, em métodos mais recentes de mapeamento dos dispositivos cerebrais e neurológicos, que a percepção de uma determinada cor existente num objeto aciona dispositivos de cor equivalente no sujeito. A assimilação, vista desta forma, é uma capacidade inata do ser humano e está disponível para que ele se valha dela para conviver.

A identificação, por outro lado, depende mais da dinâmica cultural e se manifesta quando o indivíduo não destaca as diferenças entre ele próprio e o objeto, assumindo que ambos são idênticos. Na nebulosa desta ilusão, o sujeito é capaz de acreditar e dizer ao objeto: "Eu sem você, não tenho por quê, porque sem você não sei nem sonhar, sou chama sem luz..."

A identificação pode ocorrer entre UM e OUTRO durante a negociação, mas pode também se dar entre o indivíduo e o papel de negociador (ou, mais especificamente, com um determinado naipe de negociador), com a arrogância do cordeiro diante do lobo (conforme narra Esopo em sua fábula que depois foi recontada por La Fontaine) ou ainda entre este e uma missão que ele assume. Esta se baseia unicamente na opinião e demanda doses de sacrifício (realizado pelo desprezo por alguns aspectos significativos da vida, uma vez que estes não são considerados relevantes pelo negociador, em função do ritmo e do sentido que ele imprime à vivência deste papel) e de investimento de tempo e atenção a ponto de canalizar suas energias para um determinado foco, de esgotá-las, ou seja, de não dispor de energia para vivenciar outros papéis, situações e relacionamentos dos quais poderia se valer em caso de este "papel principal" ser suprimido, perder importância ou de o ator ser substituído.

Em entrevista ao programa "Cartão Verde" da TV Cultura, no dia 21 de outubro de 2004, o ex-jogador do Corinthians e da Seleção Brasileira de Futebol, Sócrates, afirmou:

— Quando a gente alcança a fama, acredita que é capaz de sair no auge.

Daí descobre que só sai mesmo depois de uns cinco *knock out's*.

O processo da negociação

Seu depoimento se assemelha ao de viciados que, ao entrarem no vício por sua própria vontade, afirmam que do vício sairão quando quiserem.

A identificação é excitante e decorre não só de aspectos conscientes como de outros inconscientes, e por isso não é fácil detectá-la, principalmente quando domina quase que por inteiro a opinião, o que dificulta ou até impede, em certos casos, que o indivíduo constate fatos.

O indivíduo pode, ainda, se identificar com algumas de suas habilidades racionais e, acreditando ter alcançado uma área de maior controle de seus atos ou até mesmo das situações em que se envolve, deixar de lado alguns aspectos emocionais que, por falta de consideração ou de exercício, se mantêm imaturos, ou seja, em grande proporção, fora das áreas de domínio de suas competências. Isto vai contribuir para que ele não disponha de determinadas alternativas de ação num momento seguinte e corra o risco de se manter num círculo vicioso que fatalmente o levará até o desespero ou até o desânimo.

Uma relação de interdependência se estabelece não só entre os hábitos e as habilidades, mas entre estes e a percepção. Se as habilidades decorrem dos hábitos, elas também são levadas em conta num momento específico, para que sirvam de base para a incorporação de outros hábitos num momento seguinte. Da mesma forma que os hábitos e as habilidades de uma pessoa propiciam uma certa percepção num determinado momento, a percepção, ao se constituir, influenciará na configuração dos hábitos e das habilidades num momento posterior.

Enquanto as variações permanecem dentro de faixas de tolerância, o indivíduo permanece dentro de sua área de conforto, sendo capaz de reconhecer objetos e atributos, por comparação entre um referencial composto por traços característicos de várias imagens instantâneas vivenciadas num passado mais remoto, em comparação com as imagens instantâneas mais recentes. Algo que poderia ser representado esquematicamente desta forma:

Momento - 3	Momento - 2	Momento - 1	Momento	**Tempo**
Conjunto A	Conjunto B	Conjunto C	Conjunto D	**Imagens**
Conjunto	Conjunto A	Conjuntos A e B	Conjuntos A,B e C	**Referencial**

  É igualmente capaz de identificar o que está ausente, o que está faltando e, desta forma, até que ponto o significado se altera ou há alguma inconsistência. Isto serve de base para a tomada de decisão, para a escolha de um dos comportamentos que está inserido em seus hábitos e habilidades (que fazem parte de seus repertórios) e que, de acordo com a sua percepção (o que inclui a projeção de tendências) é o mais adequado.

  Se, no entanto, as variações extrapolam os limites de tolerância, de acordo com a percepção do indivíduo, ele não é capaz de reconhecer a situação e/ou não dispõe de comportamentos compatíveis com esta no seu repertório de comportamentos disponíveis. A ansiedade ou a angústia podem predominar neste intervalo, em função de haver risco para a preservação de hábitos, habilidades, percepção e interesse. Ou seja, a opinião está em risco de entrar em colapso. Daí todo o medo. Medo que muitos afirmam ser do desconhecido, mas que se poderia também afirmar que equivale a uma nostalgia, saudades antecipadas dos seus pontos cardeais do passado e da estabilidade que estes proporcionavam. O medo seria, então, a maior expressão de apego ao passado.

  Poder-se-ia dizer, ainda, que a percepção funciona como uma esponja absorvendo conteúdos com que a mente mantém contato; estes conteúdos são tanto externos como internos ao corpo de cada um, e tanto externos como internos à própria mente. Por isso os conteúdos tendem a passar muito rapidamente por esta esponja antes de se depositarem na memória, de onde podem sair para passar novamente pela esponja, num processo de recuperação de conteúdos mnemônicos. Quando, inclusive, ocorre este "passar novamente" há um reconhecimento e não há chance de ocorrer estranheza.

O processo da negociação

Mas o que acontece se a esponja estiver totalmente preenchida por esses conteúdos anteriormente armazenados pela própria mente?

Ora, se a esponja está preenchida, não há espaço suficiente para que absorva outros conteúdos, principalmente os conteúdos atuais. Esta ocupação tende a se prolongar quando a pessoa está vivendo uma grande paixão. Como o negociador vive uma intensa paixão pelo poder, é possível que a sua esponja fique muito preenchida por ilusões durante um longo período de tempo. Este é o grande risco que o negociador corre constantemente: dispor de uma percepção comprometida com as suas ilusões de poder e distorcida por elas. Daí ser muito comum os negociadores experimentarem períodos de depressão. Resta saber como cada um vai lidar com a perspectiva de depressão ou com a sua manifestação. Uma vez que a depressão não é vista como um grande prejuízo, muitos se expõem a ela. Alguns, em plena crise depressiva, recorrem às drogas, outros desistem de uma série de projetos, mudam de vida, e outros chegam ao suicídio. Por isso, é altamente recomendável que aquele que vivencia o papel de negociador esteja interessado em preservar sua integridade física, mental e social; procure observar a dinâmica da sua percepção e a dose de ilusões de que ela se nutre. Esta, talvez, seja a parte mais complexa de sua tarefa, mas necessária para prevenir males maiores que nem estão inscritos entre as doenças ocupacionais ainda.

Convém encerrar esta parte, lembrando o que dizia Jean Claureul (médico, psiquiatra e psicanalista francês, companheiro de Lacan) em entrevista a Wilson Marini, publicada pelo Jornal da Tarde, edição de 6 de novembro de 1982: "A psicanálise coloca sempre o homem frente à sua impotência. Para dizer a verdade, o poder é sempre a ilusão do poder. Não é certo que os homens do poder estejam dispostos a colocar isto em questionamento".

As flechas do interesse são lançadas

Aquele que vivencia um papel o faz por apego a um conjunto de hábitos, da atualização constante de uma série de atividades, da ativação de um certo modo de percepção e da manutenção da consistência do interesse num determinado sentido.

Orientar a sua atuação numa direção, num momento, e na direção contrária, no momento seguinte, não deixa de ser uma opção para UM, mas este movimento pode ser interpretado como hesitação, desperdício ou manobra arriscada e não gerar cooptação da parte do OUTRO.

De qualquer forma, a cada momento, UM lança suas flechas em direção aos seus alvos e estas são expressão de seu interesse e podem representar o seu esforço em constituir sentido (= direção + significado) para a sua vida ou, no mínimo, para a sua atuação durante uma parte dela.

A consistência do sentido para a vida é mais ampla, referindo-se à situação dos diferentes papéis vivenciados por uma pessoa durante um determinado intervalo de sua existência, nas relações que mantém com diferentes pessoas em diferentes momentos deste intervalo e geralmente em diferentes lugares.

A consistência do sentido para sua atuação, apesar de mais restrita, requer equivalente intensidade de atenção, uma vez que se refere ao fio condutor que une os diferentes momentos em que UM exerce o mesmo papel. UM pode fazer isto somente com um OUTRO ou com diferentes indivíduos que encarnam o OUTRO, mas, para que se sustente no papel, precisa reconhecer que as flechas que lançou e está lançando preservam um certo sentido entre elas, apesar de o interesse ser expresso e estar ligado a cada cena ou cenário, em função das opções que se apresentam à percepção de cada um e das suas habilidades para reconhecê-las e realizá-las.

Assim sendo, é possível que um interesse mais abrangente e duradouro se estabeleça e transforme outros interesses mais restritos e de curta duração, subordinados ao primeiro. O que significa que quando um destes interesses principais se altera, uma série de hábitos, habilidades e percepções se modifica conseqüentemente. É recomendável ficar atento às mudanças de hábito do negociador. Como já foi dito, eles não se alteram por acaso. Há sempre uma

O processo da negociação

mudança de interesse envolvida e é aconselhável identificá-la pois ela, estando ligada ao sentido, evidencia ou, pelo menos, indica ou sugere uma trajetória. Depois que uma seta foi atirada em uma direção, é possível que outras o sejam na mesma direção ou em direções que guardem certas relações com estas, de forma coerente ou não.

Para o ser humano em geral, há a homeostase que está sempre presente e não pode ser desprezada. Muitos já a observaram, desde Espinosa (pensador que a denominava *conatus*) até António Damásio, nos dias atuais.

Para o negociador, há um aspecto denominado "poder" que está sempre presente na vivência deste papel, uma vez que representa a capacidade demonstrada anteriormente para canalizar energias ou recursos para a consecução de um determinado projeto em detrimento dos demais. Com relação a isso, o compositor, enquanto era poeta, se referiu a ele como "a força da grana que ergue e destrói coisas belas", na letra de *Sampa*. E assim tem sido desde que o dinheiro participa das relações sociais. Logo, o interesse do negociador tem sempre algum vínculo com poder e dinheiro. O tipo de vínculo pode variar, mas isso não significa que o vínculo inexiste.

Se UM não dispõe de dados atuais, confiáveis e consistentes a respeito da situação econômico-financeira da empresa que o OUTRO representa, da situação desta cadeia de suprimento e do teor da autonomia do OUTRO para estabelecer acordos válidos e viáveis para a organização dele; então dificilmente contará com base sólida a partir da qual poderá elaborar sua argumentação.

Se UM não negociou com este OUTRO em diferentes oportunidades, não conhece seus hábitos e habilidades e precisa dar prioridade a este conhecimento, se espera que sua argumentação seja convincente e sua atuação, persuasiva. Se, no entanto, a proposta apresentada inicialmente pelo OUTRO lhe parece perfeita, é recomendável que cuide de entendê-la em seus detalhes, verificar a efetiva capacidade da organização para cumpri-la e os benefícios que ela representa para a mesma, antes de considerá-la seriamente. A perfeição é uma miragem! A perfeição só existe na dimensão do devaneio e do delírio. O devaneio é salutar desde que o indivíduo não o confunda com a realidade. Já o delírio é sintoma de doença. Cuidado!

Além disto, ao se inserir o processo de negociação no âmbito do poder, alguns limites se impõem ao relacionamento entre as partes, qual seja o de que não importa quão longa e profunda a relação entre os negociadores tenha sido, suas chances de incluir o afeto, a afeição, o carinho, a amizade e outras expressões de amor são extremamente restritas, isto para não dizer que são nulas.

O negociador que ultrapassa estes limites passa a sentir-se vulnerável a cada rodada de negociação e, em alguns casos, se torna incapaz ou inelegível para futuras rodadas. O meio-termo não se apresenta como alternativa ao negociador: o negócio (= negação do ócio) pertence ao domínio do poder, o que equivale a dizer que pertence ao domínio do apego. O amor se circunscreve ao domínio do desapego, da doação, da liberação das amarras entre o "agora" e o "depois", enfim totalmente incompatível com a visão de custos, retorno sobre investimentos e até da aposta.

As flechas do interesse daquele que vivencia o papel de negociador profissional só alcançam o terreno do poder e não conseguem jamais ultrapassar os muros que o cercam.

É claro que uma relação amistosa entre os negociadores é um facilitador, que propicia melhor entendimento mas não o garante. Relação amistosa permite que as pessoas compartilhem dados, não aspectos de sua vida particular que podem expô-las à manipulação pelo OUTRO. O OUTRO, no entanto, não é um inimigo! Isto será visto em detalhe algumas páginas à frente.

Sentimentos e pensamentos coexistem na composição dos interesses humanos e estão presentes também no âmbito da vivência do papel de negociador. Ingênua é a postura que prega que os sentimentos devem ser deixados de lado. Isto equivale a sugerir o desprezo por um aspecto natural e já se sabe que o desprezo do ser humano pela natureza só traz conseqüências negativas para ele

O processo da negociação

próprio, sendo ele parte desta mesma natureza. Talvez alguns sentimentos pudessem ser indicados como incompatíveis com o cenário da negociação, mas isto não é privilégio deste âmbito da atividade humana. Alguns sentimentos são mais compatíveis com a vivência de determinados papéis do que com a de outros. O mesmo, inclusive, poderia ser afirmado com relação aos pensamentos, servindo a argumentação como tipo de pensamento característico e essencial à negociação.

Quem vivencia o papel de negociador não deveria desperdiçar seu tempo tentando excluir os sentimentos durante a sua atuação, uma vez que isto implicaria perda de sentido. Sem sentido, as flechas do interesse têm vida curta e são estéreis. Além de reconhecer seus sentimentos, cabe ao negociador ser criterioso quanto à forma de expressá-los, evitando os extremos de inconseqüência e da irresponsabilidade. Convém sempre lembrar que mesmo o carrasco tem afeição por algumas pessoas, mas isto não o exime de ser indicado para cumprir uma sentença de execução contra uma destas pessoas. Cabe a ele (e somente a ele) decidir se vai seguir a determinação ou não. E a sua decisão servirá de base para a decisão que aqueles que vivenciam outros papéis tomarão com relação a ele, uma vez que, em função dos compromissos assumidos anteriormente, ele pode ser penalizado se deixar de exercer seu papel numa hora destas. Mas isto também não é um privilégio do negociador. Por isso, o papel de negociador, de representante de uma instituição, cabe a pessoas adultas, com consistente dedicação ao desenvolvimento profissional.

O desprezo aos sentimentos pode se constituir em causa de depressão e de doenças. Se um negociador fica impedido de dar continuidade ao seu trabalho por motivo de saúde, a negociação pode até entrar em recesso por um período de tempo compatível com as demandas da cadeia de suprimento, mas a espera não é indefinida. Se o negociador não se recupera neste prazo, é substituído. Portanto, a prevenção neste caso pode ser prudente. O desafio não é negar o sentimento (nem o pensamento) mas integrá-lo à ação, uma vez que, no âmbito da negociação, que é constituído a partir do poder, existe sempre a possibilidade de o medo e a vergonha se instalarem. Estes sentimentos se constituem, de um lado, em meios para orientar a sobrevivência e, de outro lado, em fator de risco para a saúde. Tudo depende de sua intensidade e dos fatores que o desencadeiam. O medo freqüentemente faz parte da dinâmica da negociação, uma vez que o apegado pode temer pela perda da relação de "posse" com os objetos de seus apegos. Quem teme esconde. E é este fator que gera estratégias, estratagemas, táticas e truques que podem chegar ao ponto de poluir a dinâmica da negociação e manter a relação entre as partes imatura, ou seja, incapaz de compartilhar sentimentos como estes.

Somente a construção de uma relação madura e equilibrada entre os negociadores lhes permitirá compartilhar interesses mais significativos em virtude de UM estar preparado para respeitar sua própria integridade, a do OUTRO e a da relação, sem exclusão nem de pensamentos nem de sentimentos que sejam relevantes. As setas do interesse demonstrado por UM podem ser intensas o bastante para se constituírem em sementes fecundas na mente do OUTRO e, assim, se transformarem em elementos dinamizadores do convencimento e da persuasão. Uma vez que elas estão expostas à polêmica, não contam com a força do autoritarismo que teima em impor suas setas e seus alvos pela lógica do poder. Algumas setas podem não alcançar seus alvos originais, pois são desviadas pelo poder da lógica da negociação.

Todavia, é bom lembrar que a negociação é um processo contínuo uma vez que os interesses estão em mutação no transcurso do tempo. Desta forma, se um conjunto de interesses levou determinadas pessoas a exercerem o papel de negociador durante um intervalo, um outro conjunto de interesses pode tanto mantê-las como substituí-las. Convém lembrar então que tudo na vida se altera, e se hoje alguém detém um certo poder, isto pode se alterar significativamente amanhã. Cabe a cada um projetar seus interesses a ponto de alcançar um tempo quando o poder não estará mais à sua disposição, antes de optar por este caminho.

Já o amor pela vida, ao se constituir essencialmente em doação, não carrega medo, vergonha, rancor, amargura, porque não

O processo da negociação

espera retorno das flechas-sementes que lança no sentido do que não é, mas poderá ser.

Se poder e amor fazem parte da vida, é possível conviver com ambos sem comprometer totalmente o equilíbrio e a saúde. Caso contrário, o ser humano estaria condenado ao desastre.

A hélice, o avião e o piloto

"O verdadeiro não comanda nem encerra o real, do mesmo modo que um mapa não comanda nem encerra a paisagem que descreve".[12]

Exprimir a dinâmica da opinião envolvendo hábitos, habilidades, percepção e interesse não é tarefa fácil. A metáfora apresentada a seguir é uma tentativa neste sentido, tendo em vista a importância deste conceito, considerando-se que a opinião está para a negociação assim como a gravidade está para o movimento dos corpos celestes.

A mente se compõe de duas partes bem distintas ligadas à questão do papel social. Uma delas tem a função de acumular memórias e constituir suporte para a configuração:

```
            Hábitos
         ↗          ↖
Interesse   OPINIÃO   Habilidades
         ↖          ↗
           Percepção
```

---
[12] *O ser-tempo*, de André Comte-Sponville, Martins Fontes, 2000, p. 54.

A outra tem a função de mapear constantemente estes elementos, à velocidade da luz, como fazem os radares e outros tipos de scanner, e integrá-los. Desta forma, uma imensidão de sinais é captada pela mente, dos quais somente uma parte é relevante em função de ultrapassar determinados limites de tolerância. Sem este dispositivo, talvez o consumo de energia fosse tamanho que as outras funções ficariam comprometidas.

A primeira parte seria o motor do avião e a segunda parte a sua hélice. O eixo que liga o motor à hélice seria a opinião, cuja observação estaria dirigida para o lado da hélice, de tal maneira que não identificaria o movimento da hélice e do avião. Assim como os olhos não podem se ver e nem detectar seus próprios elementos constitutivos, apenas são parte do processo de homeostase, cuja essência está na autopreservação. Desta forma, a hélice desenha um círculo que forma uma lente através da qual a opinião observa o mundo, a si própria e os fatos da vida.

Um dos indícios de que o funcionamento ocorre desta forma, é a freqüência com que os profissionais de cargos de autoridade nas empresas tomam decisão de imediato – aos primeiros sintomas de problemas e oportunidades – e, depois, investem uma grande dose de pensamento buscando elaborar uma justificativa plausível para cada escolha.

Se a opinião se constitui em base da observação, isto explica a dificuldade da mente em ter contato direto com os fatos, de tal maneira que aquele que vivifica um papel tende a denominar e classificar os objetos e as ocorrências tão logo entre em contato com estes, rotulando-os de acordo com a sua conveniência e/ou conivência. Isto concorreria para a inexistência de opinião isenta nos domínios do poder (dinâmica do poder), na medida em que eles já se constituem a partir desta.

Outro aspecto relevante é que a opinião permanece sempre presente, acompanhando constantemente as decisões, as ações e as recordações, apesar de o motor e a hélice estarem em contínua movimentação no tempo cronológico.

Cronos – Aion – Kairós

Inúmeros estudiosos já se expressaram a respeito do tempo. Alguns comentam que todas as pessoas sabem o que é tempo, mas ninguém consegue se expressar a respeito deste tema de forma clara. Talvez porque o tempo seja uma extensão do ser humano ou quem sabe porque seja o próprio ser do humano, a vida.

Uma vez que vários autores classificados como "sábios" ou "filósofos" já trataram deste assunto, esta parte do livro se limita a servir-se das suas contribuições para elucidar um pouco mais a questão da vivência do papel de negociador.

Enquanto a opinião não se apercebe da hélice pela qual ocorre a sua projeção e observação, esta (em movimento) assume a forma de um círculo. No entanto, à medida que se desloca no tempo cronológico, o seu movimento poderá assumir outra forma para um observador externo, desenhando uma espécie de mola. Ou seja, esta hélice cilíndrica se desloca em dois sentidos enquanto gira: o movimento circular em torno do eixo e o movimento adiante, na horizontal. No entanto, para a opinião o tempo é sempre agora.

"Há, para cada corpo, uma ordem de tempo definida para os acontecimentos havidos em suas vizinhanças, a qual pode ser chamada: tempo próprio do corpo considerado."[13]

O tempo cronológico é aquele que é externo e independente da opinião, e por isso serve de base para sincronizar os movimentos dos integrantes da cadeia de suprimento, proporcionando-lhes uma oportunidade de integração.

"Quando falamos de um relógio, na teoria da relatividade, não nos referimos apenas a relógios fabricados pelas mãos do homem: referimo-nos a tudo que tenha algum desempenho periódico regular."[14]

---

[13] *ABC da Relatividade*, de Bertrand Russel, Zahar Editores, 1974, p. 48.

[14] *ABC da Relatividade*, de Bertrand Russel, Zahar Editores, 1974, p. 49.

Há quem destaque o valor da descoberta de um meio mecânico para medir com regularidade a passagem do tempo cronológico, uma das principais bases para a viabilização da indústria, uma vez que permitiu não só a medição do tempo dos movimentos, operações e tarefas, como o horário de início e término das jornadas do trabalhador. E estas medições permitem o controle. E o controle é o instrumento do poder.[15]

Desta forma, tanto UM quanto o OUTRO precisam estar atentos ao tempo cronológico, pois é a partir desta dimensão que as oportunidades de negócio são analisadas, o que significa que um desempenho regular ou até medíocre pode ser classificado como aceitável, desde que os negociadores não percam a oportunidade. Ou, dito de outra forma, a originalidade e a precisão dos movimentos dos negociadores somente serão apreciadas se a saúde da organização for preservada, propiciando a manutenção da área de conforto dos decisores dentro de patamares aceitáveis por eles. Caso o tempo cronológico reservado para negociação se esgote sem que se chegue a bom termo, outros tipos de ação se realizam e nenhum louro é destinado às cabeças dos negociadores. Estes terão que aguardar um outro momento propício para entrarem em cena.

Cabe ao negociador identificar qual o relógio que serve de base e referência para a cadeia de suprimento e acompanhar atentamente o ritmo deste. Mas isto não é suficiente, uma vez que há outros dois tempos para os quais ele deverá dedicar sua atenção também. Aion, o tempo da individuação, do amadurecimento da pessoa que vivencia o papel de negociador. Kairós, o tempo do encontro oportuno entre os negociadores, do cruzamento dos seus caminhos, do processamento da negociação, da aproximação produtiva entre os negociadores, e da aproximação destes de um bom termo ou da possibilidade de um acordo aceitável entre as partes que representam.

---

[15] Os interessados podem consultar na coletânea organizada por Márcio Doctor, denominada *Tempo dos Tempos*, o capítulo escrito por Luiz Alberto Oliveira, denominado "Imagens do Tempo", lançado pela Jorge Zahar Editor, 2003.

O processo da negociação

Aion, o amadurecimento

Aquele que vivencia o papel de negociador encarna traços da figura de herói, de "solucionador de problemas", tão bem retratado nas obras-primas do teatro tais como Édipo (da peça, *Édipo, o Rei*, de Sófocles), Hamlet (da peça, *Hamlet, Príncipe da Dinamarca*, de William Shakespeare) e Willy Loman (da peça, *A morte do caixeiro viajante*, de Arthur Miller). Estes heróis têm em comum o fato de saberem o suficiente para reconhecerem que tinham um problema, mas não saberem o suficiente para resolvê-lo. Apesar disto, se dispõem a fazê-lo, sem saber que a solução se encontra fora dos limites de um ser humano e – quem sabe – até fora dos limites de todos os seres humanos. Assim sendo, a trajetória do herói é o sacrifício enquanto a trajetória do negociador é marcada pela constatação da existência de ilusões na composição da opinião.

Aion é o tempo de reconhecimento da existência da opinião, das inúmeras imagens instantâneas que compõem o mapa mental de cada um com relação à realidade. É o tempo do reconhecimento da ilusão e da sua fonte, o chamado *wishful thinking*, uma forma de pensar dominada pelo desejo e que leva o negociador a vislumbrar a situação desejada e a sua própria participação, de tal forma e com tamanha intensidade que ele chega a experimentar sensações como se lá estivesse de fato. Há até quem incorpore isto aos seus hábitos, na forma de auto-hipnose. Os instantes desta superação parecem séculos e ficam marcados na memória do indivíduo com a tinta do sofrimento e podem provocar depressão, gerando reações na forma de desânimo (perda de ânimo, sendo a palavra "ânimo" derivada de "animus, anima", palavra latina que também gerou a palavra "alma" em português, daí se poder dizer que uma pessoa desanimada é uma pessoa sem alma, ou que temporariamente sua alma está "fora do ar por falta de energia em seus transmissores", como anunciavam os locutores quando as redes de televisão saíam do ar) e de desespero (sem espera, que não quer dar o tempo suficiente para que o amadurecimento ocorra, ou que quer acelerar a velocidade das águas do rio ou a germinação das sementes).

Sobre este tempo, escreveu Raimundo Correia:

> *Vai-se a primeira pomba despertada ...*
> *Vai-se outra mais ... mais outra ... enfim dezenas*
> *De pombas vão-se dos pombais, apenas*
> *Raia sangüínea e fresca a madrugada.*
>
> *E à tarde, quando a rígida nortada*
> *Sopra, aos pombais de novo elas, serenas,*
> *Ruflando as asas, sacudindo as penas,*
> *Voltam todas em bando e em revoada ...*
>
> *Também dos corações onde abotoam,*
> *Os sonhos, um por um, céleres voam,*
> *Como voam as pombas dos pombais.*
>
> *No azul da adolescência as asas soltam,*
> *Fogem. Mas aos pombais as pombas voltam,*
> *E eles aos corações não voltam mais.*

Assim o negociador percorre o seu Aion sozinho, descobrindo que não é capaz de resolver todos os problemas; que ao imaginar que tinha a situação sob seu domínio, na verdade, estava sob o domínio dela, e já não sabe até que ponto ele convence ou é convencido, ele persuade ou é persuadido.

Este tempo de amadurecimento é marcado por *insights*, por vislumbres dos fatos da vida que contrariam a opinião (em virtude de a opinião desprezar os fatos) e provocam uma ressignificação, uma atualização dos sentidos, um redimensionamento dos limites. Em função disso tudo, alguns de seus vínculos são mantidos, outros são rompidos ou modificados, e outros são gerados.

É o tempo do paradoxo: em virtude do amadurecimento do indivíduo, sua opinião se "rejuvenesce". Por isto, aqueles que convivem com a tormenta sem querer sufocá-la nem fugir dela aprendem a conviver melhor com as suas próprias limitações e com as limitações do OUTRO. O que, sem dúvida, transforma significativamente sua percepção e interesse. É assim que o negociador descobre que o sofrimento está para a maturação, assim como o fogo está para a têmpera. Conseqüentemente, não é possível estabelecer um

O processo da negociação

prazo para que um negociador amadureça tomando como base a métrica do tempo cronológico. Suas variações de densidade estão ligadas à noção de tempo psicológico, aquela que leva a computar um dia inteiro ao lado da pessoa amada como se fosse um segundo (acompanhado de uma torcida imensa para que o tempo pare); e a computar um dia longe da pessoa amada como se fosse uma eternidade.

Percorrendo o *Aion*, a pessoa descobre que ninguém se basta, que compartilhar é parte da natureza do humano e que este compartilhar é dificultado pela opinião, pela adoração dos papéis, pela valorização das memórias e pelo contínuo desprezo aos sentimentos que acodem na forma de vergonha, medo, rancor, amargura e até de ódio durante as negociações.

Aion, de qualquer forma, não é uma opção do negociador, assim como não o são *cronos* e *kairós*. É possível até que estas dimensões de tempo existam para outros papéis também. Mas isto é uma conjectura.

Kairós, tempo de encontro

A tragédia grega tinha, por regra, a duração de um dia, período durante o qual os acontecimentos se sucediam de tal forma e com tal velocidade que os protagonistas davam a impressão de estar atordoados. Começavam o dia honrados heróis e terminavam desprezados vilões.

A real negociação, aquela que não é simulacro para encobrir conspirações ou outras formas de conquista de poder em função da ganância, é a oportunidade para a vivência do papel de negociador no seu devido palco. É claro que, durante este encontro, as pessoas estão aprendendo também. Mas o que praticam de fato, durante este encontro, é fruto do aprendizado anterior, durante o qual assimilaram habilidades gerais, competências específicas e maturidade.

O tempo de *kairós* é o tempo de exposição de UM e OUTRO e, como tal, é único, não podendo ser cancelado (ou "deletado" como diriam os informatizados) depois de realizado, nem repetido ou reprisado. É o tempo de olhos nos olhos, depois que os diretores da cena gritaram: "Luz, câmera, ação!".

Neste mundo atual (início do século XXI), do deslumbramento diante das transmissões de dados à distância, algumas questões menores podem ser tratadas por telefone, Internet e assemelhados. As questões de peso, no entanto, são tratadas face a face, pois a confiança entre negociadores, que é essencial, não transita pelos cabos e antenas. *Kairós* é o tempo da oportunidade para vitalizar a confiança entre as partes, a esperança de virem a compartilhar um mesmo sentido para as suas ações. O ritmo é aquele que ambos fazem juntos. Se UM dispara a correr adiante do OUTRO, não chegarão a lugar nenhum.

Prova incontestável deste aspecto de *kairós* é o fato de existirem soluções simples e acessíveis tecnicamente que não são aplicadas porque as partes detentoras de poder decisório não determinaram prioridade para os problemas que podem ser resolvidos por meio delas. Algumas doenças que provocam centenas de mortes de crianças todos os dias não são priorizadas, enquanto outras vinculadas a seqüelas e óbitos em número muito inferior de vítimas motivaram grandes investimentos.

A oportunidade perdida não retorna jamais.

Uma oportunidade perdida, dependendo das dimensões de sua importância, pode implicar a desqualificação de um ou mais negociadores envolvidos. Uma oportunidade perdida pode, também, ser a gota d'água. Estes são motivos suficientes para o negociador ficar atento a *kairós*. Além disto, enquanto um negociador está na ativa, participando de uma série de rodadas de negociação, tem mais chance de ser convidado ou convocado a participar de outras rodadas do que se estiver fora do circuito.

Kaírós é o tempo para reconhecer a opinião que o OUTRO sustenta, sempre lembrando que UM observa a opinião do OUTRO pela lente da sua própria opinião. Assim sendo, quanto maior for a clareza com que se considerar isto tudo, tanto melhor. *Kairós* pode

O processo da negociação

ser um tempo de angústia e ansiedade, mas elas não podem se transformar em personagens principais pois, se assim for, existe grande chance de se instalar o caos ou, no máximo, o cosmético. A aflição não costuma contribuir para que a sabedoria (inteligência + sensibilidade) oriente o diálogo; esta, ao contrário, normalmente a expulsa.

Saber perguntar e fazer silêncio para ouvir a resposta são atitudes muito recomendáveis para este tempo, pois se UM tem um problema e só pode solucioná-lo com a ajuda do OUTRO, estes dois comportamentos serão essenciais para descobrir o caminho para o convencimento e a persuasão. Quem age assim pode, em alguns momentos, descobrir que não precisa argumentar para alcançar seu objetivo. Outro aspecto que colabora para a criação do clima propício para o convencimento e persuasão é a naturalidade como a conversa se desenvolve. Somente os amadores iniciam o encontro com frases como: "Vamos negociar".

É em *kairós* que os negociadores podem desenvolver hábitos comuns e, conseqüentemente, compartilhar habilidades, desenvolvendo juntos percepções e interesses semelhantes. Esta geração e gestão em conjunto é a essência da negociação, é a manifestação do compartilhamento do poder durante a tomada de decisão. É com base na quantidade e qualidade de *kairós*, de conveniência entre pessoas específicas que vivenciam o papel de negociador, que surge alguma chance de previsibilidade da trajetória de negociação. Antes do primeiro encontro entre dois profissionais de negociação, a previsibilidade da trajetória é quase nula, independentemente da profundidade e extensão dos levantamentos que foram feitos durante a preparação. É durante o encontro que a "química" entre os negociadores se caracteriza, ou seja, a "química" da combinação da opinião, a constelação da opinião que aproxima UM do OUTRO. Quando esta afinidade ultrapassa certos limites de tolerância, os representados atentos podem experimentar sensações de risco. Por isso, é comum alguns negociadores simularem ou provocarem pequenas crises passageiras e tênues conflitos, demonstrando que existe uma certa distância entre UM e OUTRO no que tange à opinião.

Na década de 1980, era comum este tipo de situação entre representantes de alguns sindicatos patronais e representantes de alguns sindicatos de trabalhadores. Alguns desavisados até ficavam aflitos, mas antes e após cada discurso inflamado, os encontros ocorriam para evitar que a crise ultrapassasse determinados limites. O mesmo não aconteceu entre os representantes do governo e os da população carcerária de alguns presídios e a conseqüência, em alguns casos, foi uma catástrofe com muitas vítimas fatais.

A vertigem do piloto

Apesar de os negociadores pilotarem e construírem juntos uma trajetória resultante das forças e impulsos que representam, os sentimentos que experimentam são exclusividade de cada um. UM não experimenta os sentimentos vividos pelo OUTRO. Assim sendo, é possível que um dos pilotos entre em parafuso ao vislumbrar que a trajetória projetada se tornou inviável, experimente as sensações de vertigem e o outro nem perceba. O desconforto da vertigem é considerável e pode provocar a incapacidade para manutenção da regularidade de alguns hábitos básicos como o de comer, dormir e projetar. A homeostase está em risco. A área de conforto do indivíduo está ameaçada. O medo se manifesta quando a esponja da percepção é contaminada com sinais-conteúdos que anunciam a inviabilidade de se proporcionar a manutenção da opinião. A conformação do "encaixe" do indivíduo a um papel e à cena-cenário-peça teatral está desajustada e não há como se garantir que, no próximo episódio, ele terá chance de permanecer na mesma companhia teatral ou mesmo no *show business* (ou seria *business show*?).

O negociador desestabilizado experimenta a náusea, o estresse, o torpor e a depressão. Se, nesta situação, ele se comporta como o motorista que, ao perceber que o combustível do carro que ele está dirigindo está acabando, acelera para chegar mais rapidamente ao posto de combustível mais próximo, mesmo que ele não faça a menor idéia de onde este se localize, maiores chances existem de ser destituído de seu papel.

O processo da negociação

Se alguma chance existe, ela está no reatamento dos laços a partir do momento do passado durante o qual havia sentido coerente com a trajetória projetada anteriormente, com o objetivo de projetar uma nova trajetória. Isto demanda um esforço imenso. Equivale à situação vivida por um lutador que, após ter sido golpeado seriamente, precisa se recompor e estabelecer uma nova tática de ataque-defesa. Quanto mais precisa de apoio, mais difícil é para o negociador encontrá-lo, uma vez que seus vínculos principais são estabelecidos sobre a frieza do poder e não sobre o aconchego da compaixão. Nestas circunstâncias, o risco de estabelecimento de vínculos doentios é muito grande, vínculos estes relacionados ao consumo de diversos tipos de droga (remédios ou entorpecentes) e à realização de atividades excitantes, na ilusão de que, agindo desta forma, recuperará sensações agradáveis vividas num passado remoto ou atenuará as sensações desagradáveis de um tempo mais recente.

Mas o tempo não volta. Ele segue transformando "amanhãs" em "ontens", num ritmo que está fora do controle humano. E, se a vertigem alcança UM, ela pode alcançar o OUTRO. O OUTRO também pode ser visto como o culpado pelo mal-estar de UM, o que provoca fissuras no delicado confeito da confiança. De qualquer forma, há boas expectativas de perdas para todos (indivíduos e instituições), sendo um bom negócio investir na sua prevenção por meio da capacitação profissional dos negociadores e da administração dos volumes de pressão aplicados, sempre que possível.

Os instrumentos para desenvolvimento ou suplementação de competências já existem, e foram testados e validados durante milênios. Já com relação ao gerenciamento do poder, o processo de elaboração e estabelecimento de meios e instrumentos para este fim se encontra ainda em fase embrionária. Há quem aposte que o poder não consegue se controlar, uma vez que a ganância e a ignorância humanas não têm limites.

No entanto, enquanto houver gente disposta a negociar, a compartilhar o poder com sabedoria (inteligência + sensibilidade) será possível superar impasses e prevenir a guerra, o meio mais estúpido de desperdiçar a vida. Utopia!? Quem sabe? A outra alternativa qual seria? A de um mundo como aquele descrito em *Fahrenheit 451*, de Ray Bradbury??!!

A negociação, por ser humana e artificial, é imperfeita e trabalhosa, mas representa ainda uma alternativa para canalização das energias e do próprio poder. Não é a solução final, mas um meio para definir rumos, para chegar a melhores soluções para problemas. Sempre lembrando que tanto os problemas como as soluções são transitórios porque a vida é transitória.

> *" [...] a "síntese" do tempo é uma síntese de transição, ela é o movimento de uma vida que se desdobra, e não há outra forma de efetivá-la senão viver a vida [...] o que não passa no tempo é a própria passagem do tempo."*[16]

T – TE – TEM – TEMP – TEMPO T

Assim como ninguém consegue viver sem corpo nem trocar de corpo, ninguém consegue trocar de opinião ou viver sem ela. Seu corpo será sempre seu. Sua opinião será sempre a que sustenta com a sua própria vida. É possível, todavia, cada um constatar a existência de seu corpo e de sua opinião. Mas há limitações. Assim como alguém não consegue ver seus olhos mas somente o reflexo deles no espelho, alguém não consegue ver a opinião mas os reflexos decorrentes das ações que ela impulsiona. Um olho não consegue ver a constituição de seu próprio nervo ótico em ação e a opinião não consegue ver a sua própria configuração. Algumas alterações alguém pode proporcionar tanto para seu corpo (revendo seus hábitos de alimentação, movimentação, repouso e exposição) como para a opinião (revendo seus hábitos de pensar e sentir).

Estas alterações podem variar em quantidade e intensidade limitadas por duas dimensões:

---

[16] *Fenomenologia da Percepção*, de Maurice Merleau-Ponty. Martins Fontes, 1994, p. 567.

O processo da negociação

- potencialidade/capacidade do próprio corpo e opinião juntos;
- tolerância do próprio indivíduo à mudança sem perder a sua identidade, o seu referencial de si próprio, aquilo que permite a UM reconhecer-se e manter-se reconhecível pelo OUTRO.

Em função disso, a capacidade para constatar (que é própria do ser humano) perde a sua originalidade e pureza, a partir de um ponto do desenvolvimento individual marcado pela existência de memórias (imagens) em quantidade e qualidade suficientes para constituir um sistema de repertórios de conteúdos e de critérios. Depois de perder sua originalidade, o indivíduo precisa estar disposto a realizar um trabalho se pretende recuperar algum grau de constatação, uma vez que:

- Todos os fatos, ao serem percebidos, ganham uma rotulagem dada pela opinião, que se baseia no seu referencial (passado), sem que o indivíduo repare na comparação e na conseqüente colagem de rótulos, em função de isso ocorrer de forma instantânea e automática;
- A presença ou a perspectiva de presença do OUTRO (com opinião) dar a UM a impressão de que está exposto à cobrança de que ele próprio se repita para que possa pretender ser reconhecido;
- A atenção requer uma certa dose de energia maior para se manter ativa do que a dose consumida sem a sua participação. E mais: a presença da atenção não garante melhorias nem quanto ao desempenho nem quanto aos resultados. Apenas propicia o aprendizado.

Além disto, a constatação geralmente se constitui em meio ligado à geração de desconforto e à perda de comodidade, tornando visíveis os problemas e os conflitos que a opinião gera. Diante deste, o movimento da hélice da opinião que até o momento anterior não era percebido (uma vez que era contínuo, regular e livre de obstáculos) se torna evidente pelas suas limitações, ou seja, porque os hábitos e habilidades não são adequados para superar problemas e conflitos satisfatoriamente (preservando o interesse e permitindo a mesma decodificação com base nos dados captados pela percepção). É nesta dimensão que algumas teorias da motivação se restringem ou assumem um indivíduo em repouso diante de suas necessidades, mas o indivíduo está sempre em movimento, logo a percepção que ele tem do estímulo ou da estimulação é diferente da percepção que o observador imagina. Mas se o estímulo é suficiente para levar o indivíduo a questionar seus próprios hábitos ou para alterá-los, então ele demarca um ponto importante de sua própria história. E história é tempo.

Se Sir Isaac Newton assume que a Terra está parada para medir a distância entre duas cidades, isso é útil. Além de útil, é prático, é racional, viabiliza algum conforto e a descoberta. Tudo isso é válido. Mas de uma coisa não se deve esquecer: isso não é verdadeiro. A Terra está em movimento contínuo. Ela não transita pelos mesmos pontos do Universo a cada ano, século ou milênio. Os referenciais do ser humano a respeito das relações entre os corpos celestes é que continuam os mesmos e válidos quanto a distância e movimentos, tornando previsíveis as trajetórias e permitindo a este ser humano ter uma certa estabilidade, a partir da qual é capaz de continuar descobrindo relações.

Se existe, por ouro lado, uma afirmação de que a motivação se baseia unicamente nas necessidades, isso pode ser útil em algumas situações restritas mas não corresponde totalmente à realidade.

A percepção humana (que é restrita) não é capaz de captar a totalidade de uma situação, nem a duração da transitoriedade dos processos. Mesmo os de curta duração. Até mesmo a capacidade auditiva de uma pessoa pode ser reduzida gradativamente à medida que se expõe a ruídos que extrapolam a sua própria tolerância, sem que ela se dê conta disto, a não ser quando a audição está quase

O processo da negociação

que totalmente comprometida. Então o que levaria alguém a imaginar que a opinião poderia se comportar de maneira diferente e melhor do que os sentidos humanos? E mais: Por que a opinião precisa ser tão destacada e celebrada?

A opinião pode ser útil mas não é única. O poder pode ser inerente às relações entre os seres humanos, mas não precisa se impor pela força. O diálogo pode ser uma alternativa válida para inúmeras situações, quando a esperança pode ser preservada por meio dele, sem pieguice, sem ingenuidade, mas como alternativa concreta disponível para aquele disposto a encarar suas próprias limitações, medos, vergonhas e potencialidades. Certos dados caracterizados como concretos, mensuráveis e verificáveis são úteis mas não são suficientes. Concluir que um trecho de uma estrada mede exatamente três quilômetros quando utilizado o sistema métrico internacional é de pouca relevância. Uma coisa é transitar a pé por ela todos os dias e incorporá-la ao seu hábito. Mas é preciso considerar que tanto o caminho como o caminhante se alteram. Num dia há chuva, no outro há sol. Num dia o caminhante está se sentindo bem, no outro está com a perna ferida e, num outro ainda, está carregando um peso. Tudo isto faz diferença para o caminhante. Portanto, em negociação, o diálogo é o meio de se aferir o valor de cada dado para as partes, de tal forma que possa ser selecionado para servir de base para a tomada de decisão, o que lhe garante o *status* de "informação". Querer divorciar a negociação do diálogo equivale a querer retirar o erotismo do sexo. Não faz nenhum sentido.

Há uma mensagem na fábula *O lobo e o cordeiro* para o negociador, fábula esta que é reproduzida abaixo na versão de La Fontaine, antes de se falar de sua mensagem.

A razão do mais forte é sempre a melhor razão: é o que vamos mostrar agora.

Um cordeiro a sede matava numa corrente de água pura.
Chega em jejum um lobo, em busca de aventura,
Lobo que a fome a tal lugar levava.
"Estás turvando minha água. Que atrevimento!

> *Disse aquele animal raivento:*
> *"Serás castigado por tal temeridade."*
>
> *Responde o cordeiro: "Que Vossa Majestade não se*
> *deixe destarte irar;*
> *Pois antes cabe considerar que esta água que vou tomando,*
> *Desce escoando por vinte passos após vós; e por conseguinte*
> *Não posso jamais turvar a água que tomais".*
>
> *"Mas turvas", responde aquela fera atroz;*
> *"E bem sei que me difamaste ano passado".*
>
> *"Como senhor, se eu nem tinha sido gerado?*
> *Se ainda mamo!", disse o cordeiro a mais.*
>
> *"Se tu não és, é teu irmão."*
>
> *"Se não os tenho."*
>
> *"É um dos teus então; porque vós não me poupais,*
> *Vós, vosso pastor e o cão.*
> *Contaram-me: cumpre a vingança agora."*
>
> *E para a mata e seus recessos o lobo o carrega e devora,*
> *Sem outra forma de processo.*

Sua mensagem poderia ser expressa nos seguintes tópicos:

- Lobo negocia com lobo. Cordeiro negocia com cordeiro. Portanto, se UM é cordeiro e se vê como cordeiro e insiste em convidar o OUTRO (que é um lobo e se vê como lobo) para o almoço, vai acabar se transformando no prato principal;

- Se UM é lobo, não importa como se veja; ao convidar um cordeiro para o almoço, não espere que seu convite seja aceito de bom grado;

- Argumentos e propostas de lobos são bons para lobos. Argumentos e propostas de cordeiros são válidos para cordeiros;

- Argumentos de lobos encarnam a lógica do poder e são impostos a cordeiros. Argumentos de cordeiros encarnam o poder da lógica, mas não alcançam ouvidos e coração de lobo, que vê na sua insistência em apresentá-los um ato de arrogância do cordeiro. Afinal, é da natureza do lobo alimentar-se de cordeiros desavisados. A conversa que ocorre entre ambos é um simulacro de diálogo, um exercício de raciocínio estéril camuflado de retórica para que o cordeiro fique relaxado e sua carne permaneça tenra, uma espécie de aperitivo cujo objetivo único é abrir ainda mais o apetite do lobo.

A grande jogada do lobo seria escrever um manual intitulado "Sobrevivência na selva para cordeiros tenros" que se transformasse em *best-seller* entre os cordeiros pais que os comprariam para levar para seus filhotes e que, agindo desta forma, estariam encaminhando seus descendentes aos covis, sem se atentar para o conteúdo desta publicação. Felizmente, os cordeiros conhecem a selva a partir do seu próprio contato direto com ela e com os animais que nela habitam. E mais: os cordeiros adultos não acreditam em tudo que lêem, e não lêem qualquer manual para seus filhotes, sem avaliar antes o seu conteúdo[17].

Deixando lobos e cordeiros de lado, antes de aprofundar o tópico referente ao diálogo, é recomendável lembrar uma das premissas básicas da negociação:

Nunca despreze o OUTRO

O negociador que despreza o OUTRO dá mostras de imaturidade, acreditando que é dono do poder que representa. Este lembra o garçom que acredita que adquiriu cidadania francesa por trabalhar em um restaurante brasileiro que serve, aqui, pratos com nomes franceses. Daí, sente-se no direito de desprezar quem não faz o devido "biquinho" (de acordo com a sua prescrição) para pronunciar *petit pois*.

---

[17] Talvez por isto, meu Pai (Que Deus o tenha) tantas vezes me contou esta estória, quando eu ainda não sabia ler.

Alguns negociadores se acham neste direito, quando se encontram diante de alguém que se expressa de uma maneira diferente da sua, usa roupas diferentes das suas ou freqüenta lugares diferentes dos seus preferidos. Tudo isso se constitui em detalhe. É muito fácil identificar diferenças tanto neste nível como em outros, e qualquer amador é capaz de fazer isso. Tarefa relevante para o pleno exercício do papel de negociador é identificar semelhanças. Isto sim é trabalho profissional.

CAPÍTULO 3

Agora falando sério: negociador sofre!

"Sem dúvida, para nós, outrem nunca existirá como nós mesmos, ele é sempre um irmão menor, nele nós nunca assistimos, assim como em nós, ao ímpeto da temporalização."[18]

"O ideal primitivo da honra e da nobreza, que tem raízes no primeiro de todos os pecados, que é a soberba, é substituído nas fases mais adiantadas da civilização, pelo ideal de justiça."[19]

Apesar de muitos tentarem passar a idéia de que negociação é lazer, todos os que dela participam (que eu conheço) descobrem que podem ter alguns episódios leves e divertidos, mas estes são exceção. Lazer é ócio. Negociação é a negação do ócio. E o deus romano dos negócios era chamado *Agon*.

Numa citação de Suetonius Tranquillus, este nome surge assim: *Nunc agon est!*[20] e é traduzido como: "Agora é o perigo!".

Desta forma, é razoável afirmar que a negociação é um processo agonístico, ou seja, é um processo que envolve, cria e susten-

---

[18] *Fenomenologia da Percepção,* de Maurice Merleau-Ponty. Martins Fontes, 1994, p. 580.

[19] *Homo Ludens,* de Johan Huizinga. Perspectiva, 1980, p.113.

[20] *Dicionário Latino-Português,* de José Cretella Júnior e Geraldo Ulhoa Cintra. Companhia Editora Nacional, 1953.

ta a agonia, porque o termo "agonia" serve para identificar a situação de contenda e luta. Envolve ainda sentimentos como sofrimento, amargura, dor, angústia, ansiedade, aflição, náusea, enjôo. Algo que o *Dicionário Aurélio* apresenta ainda como sinônimo de "ânsia de morte". Além disso, o OUTRO pode ser caracterizado por uma palavra (também derivada de *Agon*) que é "antagonista", aquele que representa a outra parte e cuja função principal é contestar o que UM afirma, sempre que isto lhe parecer inconsistente. A agonia não causa repulsa. Apesar de estar identificada com o sofrimento, ela sugere que propiciará prazer àquele que se propõe a vivê-la plenamente, a suportá-la até o fim, com honra e galhardia, isto é, preservando as regras do jogo e respeitando o OUTRO.

Os espectadores também participam da agonia. Basta observar as legiões de torcedores que se organizam em torno dos esportes e competições. Até as disputas eleitorais criam este tipo de clima, onde a tensão alcança seu clímax quando a conclusão se aproxima. Aqueles cuja saúde não está em plena forma podem não suportar a agonia e desistir ou sucumbir. Quem sabe seja por isso que existem tantos livros que procuram apresentar alguns truques como se fossem "as chaves que abrem toda e qualquer porta" ou as "infalíveis receitas de sucesso", por meio das quais se passa a ilusão de que alguém pode alcançar o pleno controle das rodadas de negociação, garantindo os resultados com antecedência e, conseqüentemente, se livrando da agonia. Se estas fórmulas servem para alguma coisa ou não, não se sabe. O fato é que o risco está para o negócio, assim como a agonia está para o negociador. O que pode variar é a intensidade.

Assim sendo, se uma das orientações prioritárias ao ser humano é "Conhece-te a ti mesmo", ela é seguida muito de perto por esta outra por quem deseja vivenciar o papel de negociador: "Conheça o OUTRO".

Delimitando a área de influência

Dizem que o urso instintivamente demarca seu território. Para tanto, ele escolhe árvores estrategicamente distribuídas e, susten-

Agora falando sério: negociador sofre!

tando-se somente nas patas traseiras, crava suas garras nessa árvore com toda força no limite de seu alcance. Assim sendo, interpretam os entendidos que, quando um outro urso se depara com estas marcas, ele é capaz de estabelecer algumas comparações entre a sua própria altura e força com relação aos mesmos atributos daquele que antes deixara suas marcas. Isto – dizem – serve de base para o recém-chegado decidir se enfrenta o antagonista ou se passa ao largo, evitando o confronto e a agonia.

Uma vez que os negociadores não são lutadores (que usam sua força física para impor sua superioridade e subjugar o outro), não basta conhecer peso, altura ou tonicidade muscular do OUTRO. No entanto, é preciso ter sempre em mente que assim como o lutador só se revela de fato durante a contenda, o negociador só se revela, durante a negociação. Suas atitudes em outras situações podem até ser relevantes, mas não são suficientes.

Sua maneira de se vestir, a forma como organiza seu local de trabalho, a localização de seu escritório, seus hábitos de leitura, a distribuição de compromissos em sua agenda de trabalho, as citações que faz... tudo isto é relevante, mas serve no máximo para que UM não faça grandes bobagens. Porém, de forma alguma, pode UM se comprometer com seus representados, com relação a uma negociação significativa com um OUTRO com quem jamais negociou. Quem age assim comete uma temeridade e, conseqüentemente, se mete em grande agonia.

Pior do que isso só mesmo se UM menosprezar ou desqualificar o OUTRO. Isso significa que UM tem um problema que não consegue resolver sozinho e que, mesmo assim, desprezou a colaboração de alguém que pode ajudá-lo na superação deste. Este amadorismo geralmente é praticado por aquele que, sufocado na sua agonia, se sente na obrigação de "fazer alguma coisa" (como costumam dizer os desesperados) e acabam identificando o OUTRO como um obstáculo em vez de identificá-lo como a ponte que pode lhe dar acesso à solução. Tentando se livrar da panela de óleo quente onde havia-se metido, o improvisador salta para dentro da chama do fogão, transformando a agonia em desastre. Livra-se de uma coisa ruim, indo para uma ainda pior que só lhe causa mais prejuízo, impulsionado pela soberba. Se UM acredita ser a luz do mundo, em algum momento está enganado. A luz da negociação é compartilhada por UM e OUTRO. O antagonista desprezado pode se transformar numa espécie de bicho acuado, ao qual se dá o nome de "inimigo", dependendo da forma como é tratado, e não há negociação entre inimigos. Neste caso, UM e OUTRO perderão. Se algum ganho houver, será dos alheios.

Se a ruptura é necessária – e, às vezes, ela é –, deve se dar pela negociação, reservando ao OUTRO uma saída honrosa, mesmo quando se trata da transição de uma parceria para outra, pois a primeira pode ser reatada no futuro. Assim, a regra básica neste tipo de relacionamento é jamais fazer para o OUTRO aquilo que UM detestaria que o OUTRO lhe fizesse.

Mas afinal quem é o OUTRO?

O OUTRO é aquele que exerce o mesmo papel de UM e cuja opinião também é relevante para a tomada de decisão ser realizada na forma de consenso[21]. No entanto, o OUTRO jamais se revela totalmente a UM pois entre eles não há nenhuma ligação natural que permita que UM sinta o que o OUTRO está sentindo. Uma vez que compartilham o mesmo cenário de poder, há sempre a possibilidade de o OUTRO estar dizendo o que está dizendo e fazendo o que está fazendo com o objetivo de obter vantagem. Isto contribui para a agonia contra a qual UM procura tornar-se insensível, seja se anestesiando, seja se calejando para não levar em conta a expressão de sentimento alheio, que pode ser fingida. Este mecanismo de autodefesa pode até ser útil ao negociador, mas é necessário estar atento à sua ativação, evitando que, no seu automatismo, ele se torne dominante. Pois, se assim ocorrer, este mecanismo pode levar

---

[21] Vide adiante "Definição Operacional de Consenso".

Agora falando sério: negociador sofre!

UM a ver em si próprio só virtudes e a ver no OUTRO, só vícios. Em si, só princípios altruístas; no OUTRO, só preconceitos; em seus hábitos, as boas práticas de negociação; nos hábitos do OUTRO, vícios, manias, tiques, clichês, caretas, trejeitos e afetamentos.

O resultado disso é uma relação entre estranhos cuja comunicação ocorre pela fala inercial, aquela marcada pelo lugar comum, pela superficialidade, pela "coisificação" do ser humano, tornando mais espessa a membrana cultural, protocolar e previamente aprovada com base numa rotulação de politicamente correta. Este isolamento impede a atualização do sentido entre os negociadores e, por mais eficientes que eles sejam, a ação conjunta de ambos jamais alcança a eficácia possível, pois as verificações de segurança consomem tempo e recursos preciosos, alienando-a do ritmo requerido pela cadeia de suprimento de que participa. A persistir este estado de espírito, a integridade do ser humano está assegurada, mas a um custo muito alto, a saber, ao custo de uma pseudo-integração que, em relação às virtudes, não consegue ultrapassar a polidez[22] superficial e estéril. Pior que tudo: indica uma relação imatura e frágil.

Dependendo da forma como UM vê e trata o OUTRO, ele contribui para a conformação do cenário onde ambos exercerão seus papéis. Se UM vê e trata o OUTRO como inimigo, contribui para a conformação do cenário de guerra. Depois pode até colocar a culpa no OUTRO pelas perdas de ambos, mas isso não resolve o problema. Pode também querer estabelecer a forma como o OUTRO deve reagir, mas, não tendo poder para impor esta prescrição de comportamento ao OUTRO, inscreve esta prescrição como sendo uma brilhante contribuição à fala inercial e vazia que insiste em repetir aquilo que contribui para sentido nenhum. No máximo, serve para indicar que os canais de comunicação estão ativos. De forma inadequada, mas ativos. Pura evidência de desperdício.

---

[22] Sobre isto, veja *Pequeno tratado das grandes virtudes*, de André Comte-Sponville. Martins Fontes, 1996.

Se UM vê e trata o OUTRO como adversário e antagonista, contribui para a conformação do cenário de jogo. Eis o império do lazer, onde o paroxismo é o limite. Os contendores devem fazer tudo para se excitarem e para excitarem o público pagante. Este é o *show business* onde o que conta são os efeitos especiais e o conteúdo é zero.

Se UM vê e trata o OUTRO como opositor, então cada um está num partido político (muito parecidos com os da política partidária) e o objetivo de ambos é a alternância no domínio do "poder público", de forma a controlar o fluxo de dinheiro arrecadado através de "impostos". Neste empreendimento, a essência está na forma como as promessas de campanha são apresentadas, pois elas são o meio para conquistar a delegação de autoridade durante um determinado período de tempo. Neste caso, os hábitos compatíveis e similares são a manifestação do espírito de corpo, do corporativismo.

Em todos estes casos, a inércia da fala é dominante e constitui o cerne da banalização da palavra, uma vez que é repetida por conveniência, sem convicção. Cada termo usado já prevê entonação e gesto da parte de quem diz, bem como uma atitude de aprovação ou de desaprovação de quem ouve. Mas não há a menor chance de integração. Tudo não passa de encenação para manter as coisas como estavam.

Se, por outro lado, UM vê e trata o OUTRO como semelhante, contribui para a conformação do cenário da negociação. É claro que alguém pode fazer um belo discurso dizendo que todos os seres humanos são semelhantes e, portanto, têm "direitos iguais". Resta saber quem assume os deveres correspondentes a estes direitos. Convém dizer que o foco é a atuação daqueles que vivenciam o papel de negociador, uma função com poder de decisão. Nesta hora, sim, o indivíduo pode efetivamente influenciar nos destinos de vários; sim, ele pode demonstrar se leva a sério a questão de semelhança ou se suas palavras são vazias. Raros são os casos como o de São Sebastião que, apesar de condenado à morte uma primeira

Agora falando sério: negociador sofre!

vez por defender o direito de culto aos cristãos, se apresenta uma segunda vez para defender o mesmo direito do OUTRO, apesar de ser um centurião e saber qual será o seu destino.

É claro que UM não pode impor ao OUTRO seu ideal de conduta, cabendo a ele agir e, ao fazê-lo, correr o risco, viver a agonia até constatar a escolha do OUTRO pela parceria e cumplicidade, ou pelo alheamento. Não se trata de um ato de doação ou de amizade. Os negociadores não têm o que doar, uma vez que o poder a que servem lhes é delegado. Trata-se, isto sim, de localizar a ação de UM como sendo a potencial precursora da cooperação entre ambos para a superação de um problema. Se a dimensão da competição está presente aí, é em menor proporção, podendo até assumir dimensões desprezíveis, mas sem deixar de existir. O que significa que não deve ser desconsiderada; pois se UM sabe que algo existe e interfere num processo e nada faz com relação a isso, age como se o ignorasse. Assim um desanimado e um desesperado podem concordar, mas não chegam a consenso. Da mesma forma, relações podem permanecer estáveis e insatisfatórias por longos períodos porque os envolvidos tacitamente concordam que mudar é um risco que não querem assumir, já que pode significar mudar para algo ainda pior. Mas quando UM se pronuncia claramente diante do OUTRO, posicionando-o como seu semelhante, está lhe delegando autoridade ou, no mínimo, autorização para que este também se pronuncie, sem definir o teor de seu pronunciamento *a priori*. Daí a necessidade de cautela que é reforçada pela ausência de investimento na educação para um relacionamento saudável com o poder, sem idealismos, sem pregações e condenações prévias ao fogo dos infernos criados pelos homens, para todos os que ousam entrar em contato com o poder, visto por estes como a encarnação de mil demônios tentadores, tão perigosos como o próprio sexo na opinião deles. Estes que dizem estar alheios ao exercício do poder prescrevem que aqueles que ousam entrar em contato com esta fonte de energia devem fazê-lo com a devida assepsia, isto é, não devem jamais exercê-lo em causa própria. Assim como aqueles que dizem se alhear ao exercício do sexo prescrevem àqueles que cedem a esta "tentação" que o façam sem a luxúria, sem a pornografia e sem o erótico. Só precisariam demonstrar, na prática, como se faz isto. Mas aí o paradoxo os protege.

Mas somente fora dos limites do idealismo existe alguma chance de UM e OUTRO aprenderem juntos, compartilhando a realidade até onde a opinião permitir.

A Quarta Dimensão

Tudo que existe, existe no tempo-espaço com a sua largura, altura e profundidade. Por isso, ao ver o OUTRO de frente, surgem inferências com relação ao seu verso.

Para localizar um objeto no tempo-espaço, um avião por exemplo, levam-se em conta latitude, longitude e altura, como se o objeto estivesse dentro de um cubo na interseção dessas três linhas imaginárias.

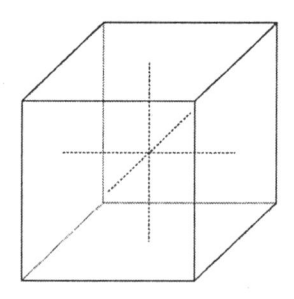

Se o OUTRO é um semelhante, UM e OUTRO compartilham o mesmo tempo-espaço, o cenário da negociação, e a localização do OUTRO depende da localização de UM. Neste quadro, UM é a quarta dimensão, um ponto fixo a cada momento da observação. Como todo ser humano, UM é incapaz de acompanhar a duração, e portanto a trajetória passada se constitui em rastro e vestígio do que foi. UM somente tem alguma chance de vê-la se estiver disposto a refletir sobre suas memórias, mas para enxergar o invólucro da opinião que domina tudo com o que a mente convive precisará de muita isenção e coragem.

Agora falando sério: negociador sofre!

A partir desta quarta dimensão, o OUTRO é um "se-movente", alguém cuja trajetória é visível para UM a cada momento; e hora se apresenta como "co-movente", hora como estacionado. Se o OUTRO se move com UM ou não, a questão sempre se inscreve no domínio da conveniência e/ou da conivência. Estas são as dimensões do movimento em negociação: conveniência ou conivência com a opinião dominante, a opinião do poder estabelecido. Em decorrência disso, o convencimento e a persuasão que os negociadores promovem entre si estão circunscritos à opinião vigente e somente a partir dela podem operar. Assim sendo, uma nova evidência só se constitui com base em conjunto de fatos, se a opinião valida a evidência. Caso contrário, não há chance de evolução, por mais consistentes que as demonstrações sejam em si. É esta resistência ao novo e à mudança a principal incentivadora da fala inercial e do "puxa-saquismo juramentado e praticante[23]" tão presente nas empresas. Os ocupantes de cargos de cúpula das empresas constatam isso freqüentemente, mas como estão diretamente envolvidos neste processo, dia após dia, têm muita dificuldade para ver como contribuem para que os ocupantes de todos os outros cargos intensifiquem sua resistência à mudança. Alguns chegam a se irritar quando os planos ou programas institucionais não são assimilados pelos outros. Se observassem a opinião reinante, talvez entendessem melhor as resistências.

Assim, esta quarta dimensão, a dimensão do observador, faz parte da realidade da negociação e se apresenta como aquela que vê sentido naquilo que casa com o seu interesse, se é que se pode dizer que o interesse é dele realmente, já que é a pessoa que serve ao interesse e não o interesse que serve à pessoa. UM é uma pessoa isolada do sentimento e da significação do OUTRO, desprovido de meios para o contato direto com estes, mas que pode (por meios indiretos) se dispor a construir uma ponte até o OUTRO, im-

---
[23] Esta expressão segue o rastro deixado por Odorico Paraguaçu, personagem da novela *O Bem Amado*, magistralmente vivido por Paulo Gracindo.

pregnando de significado uma série de significantes com os quais ambos podem pronunciar o mundo. A rocha sobre a qual os alicerces dos pilares desta ponte podem ser construídos é a empatia. Se localizada em outros pontos do relacionamento humano, as bases desta ponte ficam frágeis, não inspiram confiança. Podem até ter a forma de castelo suntuoso, mas uma vez que estão construídas sobre areia apresentam rachaduras já na cerimônia de inauguração.

As pontes construídas sobre a empatia requerem manutenção permanente, mas são as que apresentam melhor resistência ao ataque corrosivo do tempo que "coloca umidade nas paredes e cabelos brancos nos homens". Eis os argumentos que sustentam esta afirmação e que podem ser testados na prática da negociação, mesmo neste mundo atualmente dominado pelo "fast", "just", "disk-qualquer-coisa" e outras expressões do imediatismo que anseia pelo remédio pronto antes da manifestação da doença, sem atentar para o fato de que todo remédio tem efeito colateral ou, como brincam os médicos, se remédio só fizesse bem não seria chamado de droga.

Uma piada

Dizem que uma pessoa encontrou-se com sua Fada Madrinha e lhe foi anunciado o direito de fazer um pedido.

"Eu quero que haja uma ponte entre o continente brasileiro e a ilha de Fernando de Noronha, que eu não conheço por ter medo de viajar de navio e de avião."

"Mas isto é muito complicado e poderia comprometer todo o ecossistema – retrucou a Fada. Peça, por favor, uma outra coisa."

"Então, eu quero entender a alma humana. Como funciona o sentimento. Por que as pessoas são como são."

Depois de alguns minutos de reflexão, a Fada concluiu:

"Diante disto, eu gostaria de saber o seguinte: Esta ponte até a ilha ... você tem alguma preferência com relação à cor?"

Agora falando sério: negociador sofre!

Empatia

Algumas palavras citadas adiante fizeram uma longa jornada desde a antiga Grécia, berço da civilização ocidental, até os dias de hoje. Jornada desgastante que transformou, transtornou e deformou significados apesar de os significantes (seqüências sonoras) terem permanecido muito semelhantes. Estas palavras são: apatia, antipatia, simpatia e empatia. Todas elas são derivadas do termo *pathós* que significa "sofrimento" e está presente em outras palavras como "patologia" e "paciente" (equivalente de *pathient* em inglês, onde a raiz fica mais evidente).

Todas as quatro palavras identificam originariamente a forma como UM encara o sofrimento do OUTRO, e podem ser organizadas no quadro abaixo, para facilitar a comparação entre seus significados, a partir da combinação de duas diretivas. A primeira é o apego de UM ao sofrimento do OUTRO; a segunda é o sentido que o sofrimento do OUTRO assume para UM. Assim:

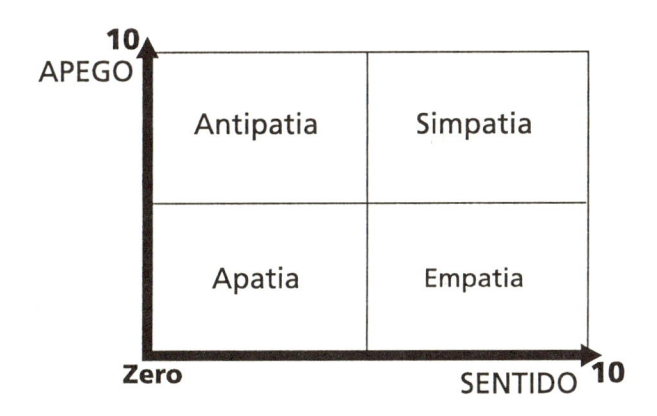

APEGO 10		
	Antipatia	Simpatia
	Apatia	Empatia
Zero		SENTIDO 10

Apatia

Representa o sentimento de UM para quem o sofrimento do OUTRO não existe, não é relevante ou não é levado em consideração para constituição do significado do relacionamento entre ambos.

Cena de apatia: UM passa pelo OUTRO que está gemendo de dor e nem repara que o OUTRO está expressando seu sofrimento ou, pelo menos, não leva em consideração seus gemidos como relevantes para sua própria tomada de decisão. Esta talvez seja a alternativa que mais privilegia a preservação da área de conforto de UM.

Antipatia

Se apresenta como alternativa de UM considerar adequado e oportuno que o OUTRO sofra, por vê-lo como diferente, cuja desigualdade decorre de sua constituição ou de sua ação. Este, por ser diferente, é o culpado e merece ser punido. E mais: não importa qual seja o tamanho do sofrimento imposto ao OUTRO na forma de punição, seu suplício nunca seria considerado suficiente.

Há alguns anos, logo após um prisioneiro ter sido submetido à agonia de anos de espera no corredor da morte nos Estados Unidos cujo desfecho foi a aplicação de uma injeção letal, algumas pessoas que aguardavam do lado de fora do presídio foram entrevistadas. Uma delas expressou-se desta maneira:

– Trataram muito bem este safado! Deveriam ter amarrado ele em praça pública e partido seu crânio com uma picareta. Só assim chegaríamos mais perto do que ele merecia pelo que fez às suas vítimas!.

Cena da Antipatia: UM passa pelo OUTRO que está gemendo de dor. Certifica-se de que este está impossibilitado de reagir e tira alguma coisa que ele tem de valor. A antipatia valoriza a punição e o sacrifício de tudo e de todos que, sendo diferentes, podem representar perigo ainda que remoto. A antipatia não limita a força aplicada para neutralizar ou negar a existência do OUTRO ou ao OUTRO. O arsenal de armas da antipatia é enorme, quem sabe até infinito, e é, no seu ventre, que se dá a gestação da vingança, mãe de todas as guerras.

Se a apatia encarna a indisposição para negociar, a antipatia representa o veneno que mata qualquer iniciativa neste sentido. Não há a menor chance da negociação ser saudável e frutificar num ambiente dominado pelo ódio, onde cada um dos lados acredita que o outro ainda não sofreu o suficiente pelo que lhe fez no passado.

Isso tudo se deve ao fato de UM ter uma noção clara do limite de sofrimento que pode suportar ou, no mínimo, o que está disposto a suportar, mas não ter a menor noção de qual seja o limite do OUTRO. Daí a razão por que alguns consideram a tortura um meio adequado para extrair verdades dos "inimigos" e dos "traidores". Se eles confirmarem a mesma versão até a morte, é muito provável que estivessem dizendo a verdade; acreditam estes. Só não conseguem convencer suas vítimas da validade desta crença. É a antipatia também que leva UM a sentir-se no direito de iludir, ludibriar e enganar o OUTRO, servindo-se de inúmeros truques (alguns deles já cadastrados no anedotário nacional como "contos do vigário") em virtude de o primeiro achar-se plenamente no direito de buscar seu ganho mediante a perda do segundo. Estes vivem segundo a premissa da má-fé que diz: "Se os otários existem é para sustentar os espertos!".

Longos períodos de exposição à antipatia e à apatia podem tornar as pessoas temerosas de demonstrar sua dor ou mesmo falar de seus valores, projetos e problemas. Elas sabem que o poder imposto pela força não hesita diante da perspectiva de intensificar o sofrimento alheio ou suprimir aquilo a que o OUTRO está mais apegado. E não importa quanto isto seja condenado ou condenável, o ser humano continua a praticá-lo. Enquanto se considerar que a ética depende de uma força policialesca que a salvaguarde, não haverá esperança de se superar esta situação, uma vez que a força impõe suas regras e exceções à própria ética. Além disso, toda força tem seu custo e cobra seu preço!

Simpatia

Entre os termos derivados de "pathós", aquele que mais se distanciou do conceito original foi este. No Brasil, em geral, há uma inversão; é UM quem espera que o OUTRO seja simpático, numa espécie de "ditadura da platéia" diante da qual o "artista" deve estar sempre sorrindo, permanecendo numa atitude de tolerância infinita e bom humor.

É o caso da recepcionista do hospital que acredita que o sujeito, vítima de mal súbito, deve apresentar-se sorridente a ela, aguardar até ser chamado para apresentar todos os documentos previstos no seu procedimento e, expressando-se com palavras amenas, explicar os sintomas de maneira clara para que ela possa fazer o seu encaminhamento. Qualquer expressão de dor, irritação ou nervosismo é "antipática" e deve ser punida "aos costumes", ou seja, tornando a sua espera a mais longa possível, pois acredita que o método "na marra" é o mais persuasivo.

Simpatia originalmente significa compartilhar o sofrimento do OUTRO ou sofrer como se o sentisse de fato. UM tem a impressão de que sente a dor do OUTRO ao simpatizar-se com ele; por isso pode-se dizer que UM se apega ao sofrimento do OUTRO porque este faz sentido para UM. A relação amorosa ou, mais precisamente, apaixonada pode gerar a simpatia devido à intensidade da ligação entre as pessoas ou da atração entre elas. Se os que vivenciam o papel de negociador estão apaixonados, é pouco provável que negociem entre si. Provavelmente prefiram aproveitar seus momentos de encontro para a realização de atividades mais prazerosas que celebrem a paixão atrativa "enquanto dure, posto que é chama". O que significa que a simpatia (nesta acepção) não se constitui em base adequada para a ponte do entendimento a ser construído pela negociação.

Assim, o único caminho para a negociação é a empatia, uma vez que é a expressão do sentimento de UM que percebe o sofrimento do OUTRO e, sem apego ao sofrimento, se dispõe a colaborar para minimizá-lo e eliminar sua causa. Se UM não esperasse qualquer retorno, isso seria "compaixão", cuja marca essencial é estar predisposto a doar. Como UM espera um retorno, é negociação desde que, é claro, o OUTRO tenha disponibilidade e interesse de retribuir. É esta expectativa de retorno, de constituir bases para uma troca, a essência do poder compartilhado, que não elege a força como forma de expressão, mas os argumentos. Pode-se dizer (sem querer fazer trocadilho) que prefere a força do argumento em vez de servir-se do argumento da força. Se as chances de as relações se situarem neste patamar são grandes ou não, não se sabe. Mas elas existem, quando os negociadores permitem algum equilíbrio entre inteligência e sensibilidade, em vez de ficarem teimando nas velhas fórmulas do racionalismo estéril e da fala inercial.

Conseqüentemente, o foco do negociador profissional é o problema percebido pelo OUTRO como tal. Esta é a fonte de toda argumentação. Se o OUTRO não perceber o problema e não incluí-lo entre as suas prioridades, a negociação dificilmente se constitui ou evolui. A solução do problema não é a abertura mas o encerramento de uma etapa ou de uma série de rodadas de negociação. Aquele que oferece uma solução para o problema do OUTRO logo de saída esquece-se do óbvio ululante: que UM não conhece suficientemente o problema do OUTRO no início da negociação, para oferecer-lhe uma solução de fato. Agindo desta maneira, ele demonstra que só há um problema que quer resolver: o seu próprio. O OUTRO, ao perceber isso, sente o impacto da antipatia (de maneira consciente ou inconsciente) e reage com apatia ou antipatia. Pronto: está armado o cenário do conflito!

Mas por que tomar por base "pathós"?

Porque em meio à alegria, saúde e abundância, ninguém quer lembrar de problemas ou analisá-los em busca de melhores soluções. Também porque, no mundo dos negócios, do poder, da ganância e da cobiça, se propor a amenizar o sofrimento alheio é um diferencial significativo diante de tantos que só pensam em impor derrotas e aflição aos demais. E mais: porque sem alguma dose de empatia, torna-se praticamente impossível a constituição de alguma confiança entre as pessoas, mesmo que esta confiança seja restrita e cercada de uma rede de vigilância.

Somente quando existe alguma dose de confiança, a negociação sobrevive e a conversa entre ambos supera a fala inercial e se transforma em fala reflexiva, expressão de pensamentos e sentimentos compartilhados (até onde isso pode se dar), sem artificialismos, com o mínimo de crivos possíveis da censura, o que permite que as partes vivenciem os diferentes tipos de discurso sem reservas ou resistências. E estes são os tipos de discurso de acordo com os teóricos da Lingüística: Lúdico, Polêmico, Autoritário e (creio) Fatual. Estes merecem a atenção do profissional de negociação, pois ajudam na identificação do andamento da rodada e dos tipos de imagens que estão se cristalizando em torno da mesma. Isso tudo contribui para a urdidura do argumento.

Discurso Lúdico

Os negociadores expressam as opiniões que sustentam a respeito de diversos assuntos que não constituem o tema central. Isto serve como uma espécie de aquecimento em determinadas horas e, em outras, pode servir como uma espécie de "recreio" para reduzir as tensões. Apesar de não serem peça integrante da argumentação, podem colaborar para que o convencimento/persuasão ocorra de uma maneira mais amena, sem qualquer exacerbação ou clima de batalha.

Discurso Polêmico

Essencial para a constituição dos argumentos, caracteriza a disputa pelo espaço das contribuições relevantes para o convencimento/persuasão de ambas as partes. O que significa que é a qualidade do argumento e da sua apresentação que garante ao discurso polêmico alguma disponibilidade de tempo/espaço na rodada; não a truculência ou o tom de voz dos negociadores, quando as partes tentam se impor pela força.

Se, em alguns momentos, o discurso lúdico e o polêmico podem ser semelhantes a uma briga para os que estão do lado de fora, para os negociadores eles parecem expressões normais de seus sentimentos e pensamentos e não são ofensa, pois estão cientes de que a polêmica atende aos interesses de ambos. Estes são os que ocupam maior parte do tempo/espaço da negociação. Interessante é notar que, durante o discurso polêmico e por seu intermédio, UM procura convencer/persuadir simultaneamente o OUTRO e a si mesmo.

Agora falando sério: negociador sofre!

Discurso Autoritário

Demarca a ruptura do diálogo pela imposição de uma opinião. Se UM diz que o seu problema é "X", não resta outra opção para o OUTRO a não ser concordar, porque esta afirmação é a expressão de uma autoridade que UM representa nesta situação, autoridade incontestável e essencial para a "sobrevivência" do seu papel.

Se, por exemplo, um pesquisador é contratado para captar avaliações da clientela com relação ao desempenho de um determinado produto, com base em uma proposta clara de trabalho, não cabe ao solicitante qualquer contestação dos resultados de sua pesquisa, a não ser com base nos resultados de uma outra pesquisa realizada em condições equivalentes. Se o solicitante simplesmente disser: "Eu não concordo!", estará dando uma demonstração não só de ignorância como de autoritarismo, elementos que não têm qualquer contribuição a dar para a negociação.

Discurso Fatual

É o discurso por meio do qual os negociadores se apercebem e se aproximam dos fatos com parcimônia, pois ainda não têm a opinião, logo não serve ao convencimento/persuasão. No entanto, as constatações, que fazem juntos são as bases mais sólidas para o convencimento/persuasão por outros tipos de discurso.

Os interessados num exemplo deste tipo de discurso irão encontrá-lo no livro *A eliminação do tempo psicológico* que reúne o registro de diálogos entre Jiddu Krishnamurti, livre pensador, e David Bohm, estudioso da física quântica e da teoria da relatividade, publicado pela Cultrix, na década de 1990.

Quando se atenta para o tipo de discurso e o sentimento dominante numa determinada situação, é possível compor um quadro da interação em andamento com base em algumas afirmações que UM poderia até verbalizar, mas que geralmente não o faz para não revelar sua intenção. Em primeiro lugar, apresenta-se o quadro e, em seguida, as afirmações:

Discurso	Sentimento Dominante			
	Empatia 1	Antipatia 2	Simpatia 3	Apatia 4
Lúdico A	A1	A2	A3	A4
Polêmico B	B1	B2	B3	B4
Autoritário C	C1	C2	C3	C4
Fatual D	D1	D2	D3	D4

Afirmações

A1. Lúdico/Empatia Esta conversa ajuda a gente a se descontrair e eu estou me empenhando para que seja interessante para o OUTRO.

A2. Lúdico/Antipatia Vou dar corda para esta conversa fiada para ver até onde este idiota vai. Depois, quando ele estiver bem relaxado, lhe aplico um golpe certeiro. Ele não vai ter como escapar.

A3. Lúdico/Simpatia Este não é o nosso assunto principal, mas vou dar toda atenção a isto, já que faz o OUTRO se sentir bem.

A4. Lúdico/Apatia Este sujeito já está falando há mais de dez minutos umas coisas que não fazem o menor sentido. O pior é que não tenho como me livrar disto. Que horror!

B1. Polêmico/Empatia Ao expressar meus prós e contras com relação a este tópico, contribuo para que a melhor solução possível seja identificada.

B2. Polêmico/Antipatia Este sujeito não vai descobrir um contra-argumento à altura do meu, nem que procure por mil anos.

B3. Polêmico/Simpatia Apesar de a argumentação dele não ser muito consistente, vale a pena levá-la em consideração. Desta forma, ele poderá melhorar seu desempenho, já que se esforça tanto.

B4. Polêmico/Apatia Acho que perdi algo que ele disse. Também, ele diz tantas coisas irrelevantes. Mas eu preciso ocupar um tempo equivalente ao dele no debate, se não fico em situação de desvantagem.

C1. Autoritário/Empatia Eu já sei no que vai dar esta iniciativa e preciso alertá-lo, se não a única coisa que ele vai conseguir é prejuízo.

C2. Autoritário/Antipatia Eu já sei no que vai dar esta iniciativa e não vou alertá-lo para o risco que ele correrá ao fazê-lo, afinal eu posso lucrar com isto.

C3. Autoritário/Simpatia Este sujeito está sofrendo tanto a troco de nada. Fica patinando e não sai do lugar. Deixa eu dar um empurrão para ver se ele pega no tranco. Quem sabe, assim, esse nó desata.

C4. Autoritário/Apatia Não importa o que ele diga a partir de agora. A minha linha de ação já está definida.

D1. Fatual/Empatia De que maneira, nós, juntos, podemos nos acercar desta situação para que o sofrimento dele não exceda o inevitável?

D2. Fatual/Antipatia Se a arrogância dele é tão grande, não há mais nada que eu possa fazer a não ser colaborar para que ele a evidencie e constate as suas conseqüências.

D3. Fatual/Simpatia O sofrimento dele é insuportável. Em condições como esta a capacidade de argumentação do indivíduo fica comprometida. Que aspectos da realidade estamos deixando de levar em conta?

D4. Fatual/Apatia Seu apego ao passado é grande demais. Já não há mais nada que eu possa fazer para que haja colaboração entre as nossas atuações com relação a este caso.

Cena rápida

Cenário

A calçada diante de um prédio de onde cai um piano sobre a cabeça do OUTRO.

Situação de UM

UM passa por ali e vê que o piano está caindo sobre a cabeça do OUTRO.

Fala de UM

— Saia daí! (gritando)

Falas alternativas de OUTRO

☐ Você não manda em mim!

☐ Saia daí você!

☐ Por que você quer que eu saia daqui?

☐ O que você espera ganhar com isto?

☐ Claro!

☐ Que tal se nós sairmos juntos?

São inúmeras as alternativas tanto para aqueles que querem dialogar nesta situação como para aqueles que querem analisar o tipo de discurso, mas em situações-limite como esta, o resultado do desempenho (escolhas e realizações) é imediato: ou o OUTRO sai de onde está ou sentirá uma grande pressão sobre seu corpo. Em outras situações, as discussões podem se prolongar por dias, meses ou anos em busca de lógicas e razões, principalmente quando as empresas dispõem de muita gordura acumulada com o lucro do passado. No entanto, é preciso considerar o sentido, sempre lembrando que até o poder é limitado pela natureza. E que as discussões com foco só na forma e nos preconceitos são estéreis.

Isto é só um exemplo extremo com finalidades didáticas, geralmente os negociadores envolvidos numa rodada de negociação têm autonomia para identificar e definir as dimensões do diálogo

Agora falando sério: negociador sofre!

que constituem enquanto se comunicam. Se, em algum momento, o grau de diálogo fica abaixo de um mínimo aceitável, os mesmos deixam de exercer o papel de negociadores e passam a se comportar como "garotos de recados" (que são úteis, mas não são negociadores) ou se arvoram papéis superiores cuja definição é imprecisa e obscura.

Se "o discurso caracteriza-se inicialmente por uma participação nas relações entre um eu e um tu, em segundo lugar, o discurso caracteriza-se por uma presença de indicadores da situação; em terceiro lugar [...] o discurso é necessariamente significativo na medida em que só pode conceber sua existência enquanto ligada a um processo pelo qual eu e tu se aproximam pelo significado; e, finalmente, o discurso tem a sua semanticidade garantida situacionalmente, isto é, no processo de relação que se estabelece entre suas pessoas (eu/tu) e as pessoas da situação, entre seus indicadores de tempo e lugar, e o tempo e lugar da própria situação."[24] Ele faz parte da opinião e interfere na sua dinâmica. Conseqüentemente o discurso interfere na saúde das relações entre os indivíduos e dos indivíduos em si, pois é evidente que aqueles que constituem relações doentias nada mais fazem do que manifestar, em conjunto com o OUTRO, os sintomas cuja potencialidade já se encontra em cada um deles, mas não têm outra forma de se evidenciar enquanto manifestação a não ser durante o encontro.

Então, os traços característicos do negociador só se revelam durante a negociação, que é o momento em que os indivíduos vivenciam seu papel, não se podendo afirmar com certeza que estes traços são próprios de sua personalidade, motivo pelo qual o termo "naipe" foi adotado em outro livro de minha autoria, denominado "O Naipe do Negociador", lançado em 1997 por esta editora.

Aquele que acredita ser um martelo e só é capaz de ver pregos, em função de seus repertórios muito restritos, reduz as chances

---

[24] *Sobre o discurso*, publicação do Instituto de Letras das Faculdades Integradas São Tomás de Aquino, de 1979, página 115, onde Sírio Possenti cita Haquira Osakabe.

de ser convidado a atuar como negociador e quando, por algum motivo, chega a ocupar este papel, pode transformar-se em presa fácil da manipulação ou provocar mal-estar no OUTRO.

Quando a maturidade dos que vivenciam o papel de negociador está comprometida e/ou a maturidade do vínculo entre eles não se encontra em nível adequado, mas a aproximação entre UM e OUTRO é necessária para a superação de problemas e conflitos que não podem mais esperar, ocorre a rotulação do OUTRO como sendo o culpado, ou seja, aquele que precisa mudar ou ceder para proporcionar conforto para UM. Neste tipo de situação, é comum a integridade deste ser desconsiderada e, se existe desprezo pela integridade, pela natureza humana, esta não se restringe a UM mas alcança ambos. UM não consegue para si o que não concede ao OUTRO na dimensão dialógica da negociação. E os negociadores compartilham diferentes estados de saúde, apesar de a tensão estar presente, em menor ou maior grau, a todas as rodadas de negociação. Quando a tensão se situa dentro da faixa de tolerância dos co-participantes, o equilíbrio físico e mental destes tende a se manter, proporcionando-lhes estabilidade suficiente para que constituam o convencimento/persuasão, servindo-se de comportamentos verbais criteriosamente selecionados para composição e validação dos argumentos. Mas, se a tensão ultrapassa certos limites de compatibilidade dos negociadores, ocorre desequilíbrio. Como ambos estão sobre a mesma frigideira, a reação mais comum (principalmente entre os principiantes) é desqualificar o OUTRO, diante da perspectiva de ver a sua própria sobrevivência em risco.

Uma vez que o negociador representa interesses de seus representados diante de representante de outra entidade, e interesses de representantes da outra entidade diante de seus representados, ser desqualificado pode representar o risco de ser descredenciado e, conseqüentemente, deixar de exercer o papel de negociador para o qual se preparou. Isto intensificaria ainda mais a agonia e pode tornar a situação insustentável. Nesta altura, antes que se rompam os laços da negociação, os que vivenciam o papel de negociador são acometidos de alguns sintomas de angústia e de ansiedade.

Agora falando sério: negociador sofre!

A angústia se manifesta quando o complexo da opinião (hábitos, habilidades, percepção e interesse) é capaz de identificar duas ou mais alternativas de ação, sem, no entanto, ser capaz de equacionar os critérios que deverão ser considerados para a tomada de decisão. A angústia contribui para a constituição e o aprofundamento do impasse, porque torna o cenário da negociação nebuloso. E não adianta UM querer impor o seu ritmo; se o OUTRO não dispõe de meios para acompanhá-lo, é muito provável que adote a tática de procrastinar as rodadas ou, quando se torna inevitável a realização destas, insiste em acrescentar alternativas a cada instante, ao mesmo tempo que alerta para os riscos de conflito e perdas futuras. Se UM percebe isso e, baixando a guarda, considera a angústia do OUTRO como parte do processo de convencimento/persuasão, enfatizando a empatia, há alguma chance de a negociação chegar a bom termo. Caso contrário, os prejuízos imediatos se prolongarão.

A ansiedade se manifesta quando o complexo da opinião é capaz de gerar uma alternativa única de ação diante de um cenário bem nítido. O complicador se caracteriza a partir do momento em que a mente não consegue levar a cabo esta alternativa por considerá-la inadequada e não consegue gerar uma outra alternativa também. Isso leva o negociador a viver a situação de um condenado a uma armadilha que ele acredita que não consegue desarmar. Uma espécie de prisioneiro do inevitável. Aquele cujo papel é decidir não tem como fazê-lo pois lhe falta a matéria-prima principal: alternativas. Sem alternativas, de nada servem os critérios e as competências se tornam inúteis. Alguém poderia contestar dizendo que sempre é possível identificar várias alternativas. Mas se quem está diretamente envolvido no processo não percebe as alternativas, elas para este não existem.

A angústia e a ansiedade despem o herói de sua armadura de *glamour* e deixam à mostra as limitações da opinião. As reações mais comuns a elas se revelam na forma de desânimo e desespero, que podem ser sintomas de depressão e, aí, a situação corre o risco de ficar muito complicada.

Mas antes de falar a respeito de cada um destes, vale a pena ver estas duas estórias que ilustram a angústia e a ansiedade. Angústia: "O jegue que atravessou o deserto". Ansiedade: "Samuel rolando na cama".

O jegue que atravessou o deserto

Uma jegue levou dias para atravessar um deserto. Ao sair dele quase morto de fome e sede, deparou com um pastinho e uma lagoinha. Ao ver os dois imaginou:

"Agora eu vou tomar água. Mas se eu for tomar água, vou continuar sentindo fome. Pois então eu vou comer. Mas se eu for comer, vou continuar sentindo sede. Pois então eu vou tomar água ..."

e enquanto imaginava o que ia fazer, morreu de fome e sede.

Samuel rolando na cama

Sara acorda pela quinta vez, às duas horas da madrugada, com Samuel, seu marido, rolando na cama feito bife em chapa quente e pergunta o que está havendo. Samuel responde: "É que eu estou devendo dinheiro ao Joseph e não tenho como pagar a duplicata que vence amanhã".

Sara imediatamente pega o telefone, liga para Joseph e avisa: "Joseph, aqui é Sara. Estou ligando para avisar que Samuel não tem dinheiro para pagar a sua duplicata que vence amanhã. Boa noite".

E, depois, voltando-se para Samuel: "Agora dorme. Deixe o Joseph ficar acordado".

Tanto a angústia como a ansiedade podem levar ao desânimo, aquele sentimento de que a própria alma saiu para dar uma volta, sem avisar quando retorna, uma vez que *anima* em latim equivale a "alma". É a falta de vontade que se expressa com relação a todas as opções que se apresentam. Já o desespero, como se não houvesse mais condições de se esperar por mais nada, todas as alternativas pensadas têm que ser realizadas de imediato, o que é impossível uma vez que inúmeros fatores naturais envolvidos nas ações humanas dependem de amadurecimento para estarem disponíveis, nas condições adequadas. Isso sem falar dos recursos materiais que são sempre limitados.

Agora falando sério: negociador sofre!

O desânimo se manifesta quando o indivíduo tira o remo da água e deixa que o rio leve seu barco, não importando para onde nem a que velocidade. O desespero se manifesta quando a intenção do barqueiro é acelerar a correnteza das águas do rio mediante o uso de seus remos.

Tanto uma como a outra são infrutíferas para o processo de negociação, e aliás o que elas podem gerar em abundância são conflitos e problemas. E, a partir daí, maior chance há de angústia e desânimo se unirem ou ansiedade e desespero se aliarem para gerar a depressão, aquele sentimento de impotência, de que o indivíduo já não tem mais papel neste mundo que lhe sirva, que possa exercer, que se mistura com um sabor de culpa, achando que deveria ter feito algo para evitar ter chegado a esta situação, mas que agora é tarde demais para evitar as perdas.

Os que vivenciam o papel de negociador estão mais expostos a todos estes aspectos (considerados negativos por alguns) em função de viverem situações de relações complexas de poder, de tomada de decisão, na esfera da opinião. Diante desses sintomas, os parentes e amigos podem até ajudar, mas a principal área de prevenção está nas mãos dos próprios negociadores. Se ficarem atentos aos seus sentimentos, se não os desprezarem, principalmente quando alcançam os sinais amarelos, sinalizando que a agonia está superando os limites suportáveis, o pior pode ser evitado. O pior é o suicídio. Tanto o suicídio profissional como o físico. Depois deste último, não há mais o que se fazer.

Para prevenir o suicídio, é recomendável negociar com moderação. Para prevenir o homicídio, é recomendável não convidar o inimigo para entrar em sua casa nem revelar-lhe as suas paixões. Quando o OUTRO é tratado como meio para que UM alcance seus objetivos, a negociação pode se exaurir. Quando tudo se restringe às questões de preço e prazo, os envolvidos não são negociadores, eles são negociantes cujo foco é a mercadoria e os resultados imediatos a compra e a venda. O papel de negociante é tão necessário quanto o de negociador, mas a sua atuação é mais rotineira e as competências que ele precisa assimilar são mais restritas, uma vez que seu grau de autonomia é menor. Logo, os critérios que são adequados e suficientes para avaliar um negociante não o são para avaliar um negociador. Cada transação concluída pelo negociante pode ser considerada isoladamente. As atuações do negociador se encadeiam em trajetórias e é deste ponto de vista que são avaliadas.

CAPÍTULO 4

A trajetória da negociação

A trajetória da negociação é a trajetória da opinião.

Se a opinião das partes gera incompatibilidades, a trajetória fica truncada, pois sem aliança não há alinhamento das ações. O dimensionamento da comunicação e da tomada de decisão, isto é, do envolvimento entre os negociadores, é dado por eles próprios, sem que UM consiga impor ao OUTRO uma abrangência sem praticá-la. Os passos de UM cobrem a mesma distância dos passos do OUTRO, nem mais nem menos. Nenhum dos dois consegue romper esta limitação, não importa o meio que utilize. Aliás, podem tornar estas limitações ainda maiores, por meio de seus medos, ilusões e ignorância.

UM nunca conhece os limites do OUTRO, podendo somente supor e inferir quais sejam e isto serve de base para sua abordagem. Mas como sua base é constituída de suposição e inferência, requer verificações constantes e criteriosas. UM pode conhecer as suas próprias limitações para vivificar o papel de negociador e pode alterar seu estado para melhor, combinando estudo e prática.

Convencimento

Sem passar pela dimensão do convencimento, é impossível chegar à persuasão entre os negociadores. Convencimento é o meio pelo qual os negociadores, juntos, selecionam e validam dados, alternativas e critérios para tomada de decisão. Assim, os dados selecionados se transformam em informações. Por isto, o processo de negociação é, em essência, um processo de seleção realizado em consenso pelos negociadores, identificando um conjunto de dados cuja qualidade caracteriza-o como consistente e relevante para o sentido que os negociadores perseguem. Assim os negociadores reconhecem a informação enquanto a constróem, selecionando os critérios e os comportamento verbais e não-verbais, a partir dos repertórios que constituíram mediante a prática deste papel.

Em termos gerais, não se pode identificar, com precisão, quem convenceu quem, assim como não fica claro o momento em que se passa do convencimento à persuasão. A película que separa um modo de aproximação do outro é tão fina e permeável que os negociadores não conseguem sinalizar com clareza o instante de transição de um para o outro. Pode-se, sim, para efeito de estudo, separar um de outro e demarcar seus territórios da seguinte forma:

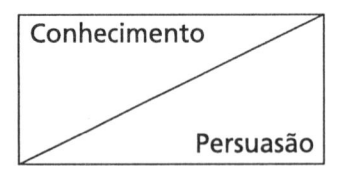

```
┌─────────────────────┐
│ Conhecimento    ╱   │
│             ╱       │
│         ╱           │
│     ╱      Persuasão│
└─────────────────────┘
```
Figura A

A abordagem baseada no extremo esquerdo pode ser interpretada como o racionalismo extremo (que pode ser estéril) que prima pela lógica, mas que raramente concebe a ação.

Aliás, é oportuno lembrar que a tecnologia já disponibilizou inúmeros meios para evitar a concepção, mas ainda não encontrou nenhum meio de garanti-la neste universo que permanece decifrável, mas que não foi (e, quem sabe, nunca será) decifrado.

Com isto, constitui-se uma espécie de "momento mágico" (assim denominado, na falta de um termo mais preciso) quando se constelam os interesses, as predisposições e o sentido que impulsiona e canaliza os movimentos das partes de maneira sincronizada e harmoniosa ou, pelo menos, melhor integrados do que vinham sendo antes de uma determinada rodada de negociação. Este momento se revela quando convencimento e persuasão se combinam em proporções adequadas para uma determinada situação, não sendo possível transformar isto em receita de bolo, em algoritmo a ser aplicado indiscriminadamente. Isto já está na raiz da palavra "persuasão", que é "per + suada" (= através da interseção da deusa Suada, deusa romana da persuasão).

"Alguns distinguem 'persuadir' de 'convencer', consistindo este último não em fazer crer, mas em fazer compreender. [...] Até segunda ordem renunciaremos a esta distinção entre 'convencer' e 'persuadir'. Por outro lado, manteremos uma distinção pertinente:

1. Pedro persuadiu-me de que sua causa era justa.
2. Pedro persuadiu-me a defender sua causa.

[...]

Pode-se dizer, por exemplo, que alguém persuadiu alguém a fazer alguma coisa por ameaça ou promessa, e que nisso reside toda a eficácia de sua argumentação. Resposta: é verdade que se pode falar de eficácia, mas não de argumentação. Esta visa sempre a levar a crer. Por certo, através de promessa ou ameaça, pode-se persuadir alguém a cometer um erro, mas este alguém estará persuadido de que o erro não é um erro?"[25]

Neste trecho, Reboul, apesar de argumentar contra a distinção entre convencimento e persuasão, termina por reconhecer o valor de ambos, o que confirma suas existências, sendo aqui adotada a concepção contida na frase: "Pedro persuadiu-me a fazer isto". Que melhor expressaria a dinâmica de uma negociação se fosse assim construída: "Nós nos convencemos/persuadimos a fazer isto".

---
[25] *Introdução à Retórica*, de Olivier Reboul. Martins Fontes, 2000, p. XV.

É oportuno complementar o que se iniciou há pouco, pois se a abordagem com base no extremo esquerdo da "Figura A" prima pela lógica, a baseada no extremo direito prima pelo paroxismo onde a ação se instala sem consistência, é vazia de sentido e, portanto, inconseqüente. Este outro extremismo poderia ser interpretado como "sedução".

A manifestação desde o extremo do "racionalismo" até o extremo da "sedução" somente ocorre com a anuência dos negociadores, com base na opinião que sustentam e, mais especificamente, nos interesses que encarnam. Se um deles acusa o outro de ter-se utilizado de sua lábia combinada com estratagemas e truques para impor suas alternativas, deixa à mostra não só a sua conivência como se expõe à avaliação de seus representados como ingênuo, incompetente ou mal intencionado. Em função disso, pode ser substituído uma vez que se desqualifica para exercer este papel.

Portanto, em negociação, tanto a quantidade como a qualidade da contribuição das partes são estabelecidas pelas partes de acordo com a conveniência e o valor dos argumentos naquela situação. Um argumento extraído de suas circunstâncias originais e transferido para outras (variando negociadores, tempo ou espaço) pode deixar de ser válido e se transformar em algo estúpido.

Eis o motivo por que o negociador se apresenta como um papel exercido em confiança, pois se os representados de uma das partes desqualificam a argumentação que se constitui num determinado momento, entre UM e OUTRO, o negociador está desqualificado. Não se trata, é claro, de uma confiança cega, pois há meios de se avaliar, por exemplo, a verossimilhança dos relatos de cada um após cada rodada concluída. Mas esses relatos se apresentam como versões pobres de algo comparável a um vídeo de uma partida de futebol que já se encerrou. Nesta hora, não se pode esperar que o negociador altere o acordo, o compromisso que assumiu, assim como não se pode esperar que o jogador marque o gol que perdeu.

A trajetória da negociação

Não existe meio de o negociador fazer depósito de caução junto a seus representados em resposta à confiança que estes depositam nele. Não há garantias plenas para estas. Quando o engano contamina a opinião ou ela se torna viciosa, as perdas são de grandes proporções para todos, uma vez que alguns mantêm uma atitude de apoio ao engano mesmo depois de constatá-lo, na ilusão de que, agindo desta maneira, ganharão tempo para construir uma versão mais atraente e palatável para os fatos, de forma a manter intacto o seu espaço de poder.

Resta ao negociador a oportunidade de constatar que não é um deus onipresente, onipotente e onissapiente sobre cujos ombros repousa a fé dos seus "fiéis". Ele é, sim, um ser presente, potente e sapiente desde que reconheça suas limitações. Durante o tempo de uma rodada, seus gestos e frases podem alcançar o OUTRO, mas seus argumentos só ganham força quando são bem construídos, expressos e captados no momento oportuno. E mais: são compatíveis com a opinião expressa pelo OUTRO. Assume-se, assim, o conceito segundo o qual convencer significa UM vencer com o OUTRO, UM vencer com a opinião compartilhada e sustentada pelo OUTRO ou, melhor ainda, UM e OUTRO dividirem a vitória entre si com base na opinião que, a partir do trabalho que desenvolveram juntos, eles dividem (= *share* em inglês) e sustentam.

Penso, logo desisto!

O que vivencia o papel de negociador pode optar, a cada momento, por uma das seguintes linhas de ação:

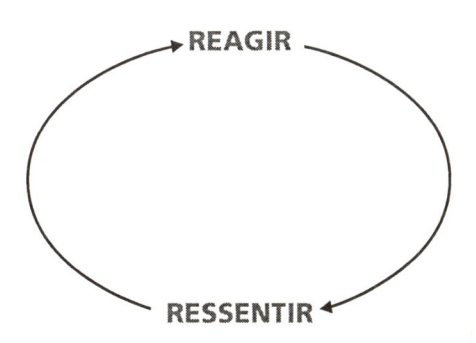

REAGIR ⟶ RESSENTIR ⟶ (ciclo)

Esta alternativa privilegia a repetição tornando a ação do negociador previsível e manipulável. Com isso, há quem considere esta alternativa atraente em função das sensações de conforto que ela oferece, já que, no seu conjunto, estas sensações podem ser confundidas com confiança, apesar de estarem distantes desta. Esquematicamente funciona da seguinte forma:

Ressentir

A percepção se dá em clima de repetição, de *déjà vu*, como se ela própria tivesse uma proporção muito pequena de atualidade e uma proporção exacerbada de memória, propiciando que o presente seja sufocado, subordinado ao passado. UM experimenta o momento presente como se fosse uma mera repetição de momentos equivalentes ou até iguais aos já vividos.

Reagir

Sua orientação é agir da mesma forma como agiu anteriormente, reconstituindo os mesmos potenciais de sucesso e insucesso no seu entender, o que é um engano, uma vez que uma solução não tem capacidade infinita para resolver problemas de um determinado gênero, nem uma resposta é sempre válida para um determinado tipo de pergunta.

Ao optar por esta linha de ação, o negociador se manifesta como prisioneiro que se condena a privilegiar as alternativas já testadas sem sequer confrontá-las com outras alternativas. Age como se fosse o médico que, antes mesmo de examinar o paciente, já dispõe de diagnóstico e prognóstico aos quais se apega mesmo quando as evidências indicam que seria prudente, no mínimo, revê-los. Não se trata de simples teimosia, mas de um apego total ao já-visto e ao já-vivido. É possível que UM acredite que, agindo agora da mesma forma como o fez no passado, o navio da negociação atracará no mesmo porto onde ancorou da última vez. Isto é uma ilusão. A repetição pode permitir alguma acomodação da parte de UM, mas não implica que o OUTRO optará por linha de ação equivalente ou compatível. E se o fizer, não há garantias de que o mesmo porto permanecerá seguro aguardando pelos dois neste mar instável chamado mercado.

Construção

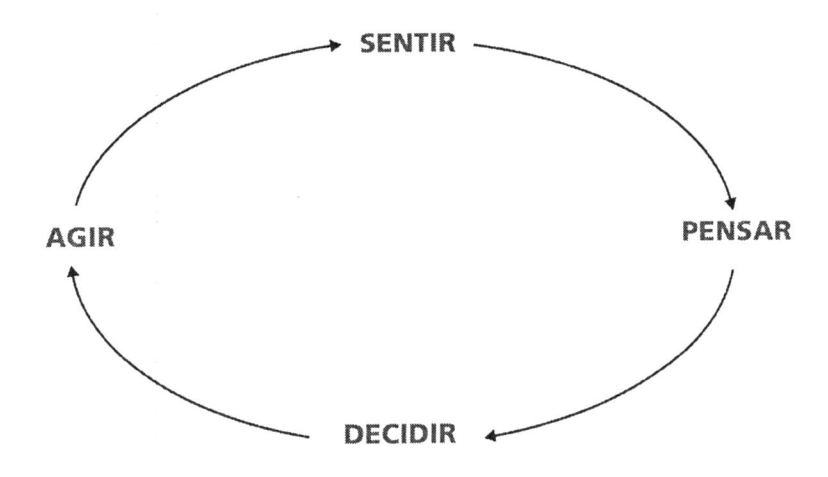

```
        SENTIR
      ↗        ↘
   AGIR         PENSAR
      ↖        ↙
        DECIDIR
```

Ao optar pela "construção", abrem-se possibilidades para o atual, para a sintonia da atuação dos negociadores com o momento do mercado, com um olhar mais atento para as incertezas, propiciando o despertar da coragem para que a mente se abra para os fatos.

Quem já construiu alguma coisa sabe o que significa abrir alicerce, preparar massa, assentar tijolos e ... Isso permite conhecer a consistência da estrutura. O que é diferente de fazer uma reforma cobrindo de massa uma área da parede de onde o reboco caiu para, depois, pintar. As aparências da recém-construída e da reformada podem até ser semelhantes, mas quem se limitou à reforma não tem condições de saber tanto da estrutura da obra como quem a construiu.

O negociador que opta (ou quando opta) pela construção não torna as suas chances de sucesso maiores nem menores, mas abre-se para a possibilidade de APRENDER, não no sentido de acumular mais dados na sua memória, e, sim, no sentido de melhorar sua capacidade de processamento da argumentação, base para o convencimento/persuasão mútuos, propiciando que a força do argumento se manifeste em vez de querer subordinar sua atuação somente ao argumento da força.

Entende-se que tanto em termos de filogênese (evolução da espécie humana) como em termos da ontogênese (desenvolvimento do indivíduo), o primeiro passo é dado na dimensão do sentimento; por isso a exposição desta linha de ação denominada "construção" é iniciada pelo sentir.

Sentir

Abrir-se para os sinais captados pela mente, referentes à relação entre UM e OUTRO, entendendo que os sentimentos funcionam como bússola, fornecendo para UM indicações da trajetória que ambos estão constituindo e da compatibilidade da natureza do indivíduo que vivencia o papel de negociador com esta trajetória. Estes sinais podem ser bastante significativos e relevantes se o indivíduo se permitir o desenvolvimento de habilidades propícias para tanto, pelo cultivo de hábitos de atenção aos próprios sentimentos. Sem estas habilidades, a percepção dos sentimentos fica atrofiada, uma vez que é devotada quase que com exclusividade ao pensamento. Uma vez atrofiada, a perspectiva de racionalismo estéril se torna cada vez mais atrativa.

Sendo inviável a elaboração de um "método racional de aperfeiçoamento da sensibilidade", uma vez que os sentimentos não se subordinam ao pensamento, este aprendizado ocorre pela vivência individual e, somente a partir dela, é possível conhecer aspectos fundamentais da natureza humana, para ser capaz de acompanhar as indicações desta bússola cuja precisão não é matemática. Da mesma forma que a agulha imantada da bússola não é o norte, não é o destino, mas somente uma indicação. Não se pode esperar do sentimento uma resposta completa e expressa de forma linear e

A trajetória da negociação

compassada, como se um anjo sussurrasse conselhos ao ouvido da pessoa.

Aliás, se algum negociador alguma vez experimentou sensações como as de ouvir vozes angelicais ou demoníacas, é aconselhável que esteja atento não para o conteúdo dessas mensagens, mas para o fato de estas se constituírem em sintoma de delírio ou, no mínimo, de devaneio. Este "complexo de Joana D'Arc" pode comprometer sobremaneira o desempenho do negociador, podendo chegar até a condená-lo à fogueira.

Uma vez que já foram abertos os parênteses, é oportuno alertar os adeptos da "repetição" que, para estes, a alternativa da "construção" está tão distante dos seus hábitos e habilidades que se lhe apresentam como exóticas – ou, se preferirem, esquisitices – cuja viabilização tomará tanto tempo, que implicará a perda de inúmeras "oportunidades". Este é o cerne da opinião dos adeptos. Esta é a bola de ferro acorrentada aos seus tornozelos, impedindo-os de participar da "construção", e condenando-os ao previsível, à ausência de opções.

Os sentimentos funcionam ainda como um relógio marcando o compasso da participação de UM na dinâmica da negociação, neste tempo de encontro e oportunidade, neste *kairós*. Por meio deles, UM é capaz de conhecer sua percepção e o impacto dos conteúdos captados por ela, na opinião e – quem sabe – até na mente como um todo. A duração disso para o indivíduo, segundo o tempo psicológico, pode parecer um segundo ou um século, mas, se prestar a atenção, lhe permitirá conhecer o alicerce a partir do qual seu comportamento será edificado.

Pensar

A opinião e o encadeamento lógico do pensamento estão interligados e ocupam a consciência, propiciando uma certa sensação de segurança e estabilidade. O pensamento articulado, fruto de recente passo da evolução humana, é muito admirado e celebrado pela opinião; uma vez que é sustentada por ele. Esta admiração é tamanha que, em muitos casos, fica difícil para o indivíduo identificar que, na "construção", a mente atua como observador e observado a um só tempo. É a mente com a opinião que está observando o que está acontecendo em seu território. Em função do trabalho que isto dá, da energia que a realização desta tarefa demanda, a "repetição" se apresenta como alternativa tão tentadora. Tanto é assim que, durante um determinado período de tempo, a industrialização de processos produtivos foi considerada um ideal a ser perseguido, uma solução para os problemas humanos. Hoje isso já não contagia a opinião de tantos. Muitos já perceberam que a industrialização (e a urbanização que a acompanha) é só uma alternativa de atuação humana. Longe de se constituir em ideal ou em solução, ela potencializa soluções e problemas que a própria opinião, que a criou, não é capaz de superar sem a colaboração da sabedoria (= inteligência e sensibilidade combinados). Mas a sabedoria só se manifesta quando o apego da mente à opinião se enfraquece, deixando de ser absoluto.

Pensando, é possível identificar a fonte emissora dos estímulos que provocaram os sentimentos, além de permitir que se caracterize a intensidade e o impacto desses estímulos sobre a natureza do indivíduo, e que se reconheça seu interesse em intensificar, manter ou reduzir a intensidade da estimulação. Estes interesses se cristalizam levando em conta, também, os repertórios disponíveis ao indivíduo para agir numa determinada situação. Isto significa que dois repertórios se articulam: o primeiro é o dos comportamentos potenciais, aqueles que o indivíduo acredita que é capaz de realizar em função de suas experiências e práticas anteriores; o segundo é o de critérios, aqueles que o indivíduo acredita que é capaz de combinar de maneira a compor um filtro eficiente, ou seja, um filtro capaz de reter a maioria das alternativas e permitir que somente uma delas passe. Esta alternativa transformar-se-á em comportamento a ser realizado.

Isso tudo ocorre em um instante e pode se repetir várias vezes durante uma rodada de negociação, consumindo muita energia, em função não só da natureza da tarefa, mas da tensão pró-

A trajetória da negociação

pria da situação. Quanto mais experiente e habilitado for quem vivencia o papel de negociador, maior será a maturidade com que fará isso tudo, o que contribuirá para que a confiança entre UM e OUTRO se estabeleça. Quanto menos experiente for o vivenciador, menores são as suas chances de agir com naturalidade. Este é o motivo por que algumas organizações adotam o esquema de passagem de bastão, no qual os principiantes acompanham os negociadores seniores, começam a assumir algumas etapas e, finalmente, lideram rodadas inteiras durante as quais são assistidos pelos seus mentores. Depois disso, ganham autonomia. Alguns, no entanto, por hábito, respeito ou necessidade, mantêm um relacionamento permanente com seus mentores, consultando-os sempre que se defrontam com questões cruciais.

Decidir

Esta etapa do processo mental depende essencialmente da qualidade de realização das etapas anteriores, durante as quais o sentido foi se constelando para ser concluído neste momento. Aqui os dois repertórios experimentam uma série de combinações entre alternativas e critérios até que uma se apresenta como preferencial, ou como a mais viável, nunca a ideal. O idealismo não é compatível com a negociação, a qual se inscreve nos domínios do poder, ou seja, da política. E a política é a arte de transportar o viável através da estrada do possível até o real.

Esses dois repertórios assumem a forma de duas engrenagens que se encaixam sem grandes atritos nesta hora, se as etapas anteriores foram realizadas com consistência. Agora, as intenções claras para o próprio indivíduo servem de base para seleção de critérios que permitirão a escolha do comportamento ou até de uma seqüência de comportamentos. Apesar de óbvio, ressalta-se que cada decisão implica a não viabilização de uma série de comportamentos em um determinado momento, uma vez que, devido à linearidade do comportamento com relação às dimensões tempo-espaço, somente um comportamento pode ser realizado a cada momento, assim como somente uma sílaba pode ser pronunciada de cada vez por um ser humano, as quais combinam para formar palavras e frases, que formam comportamentos verbais. Apesar de haver casos em que um comportamento verbal pode estar contido em apenas uma sílaba. Uma interjeição, por exemplo.

Agir

Dentro desta seqüência, agir equivale a ativar um comportamento ou um conjunto de comportamentos escolhido. E só.

A ênfase, aqui, é dada para os comportamentos verbais pois são estes que, realizados durante uma rodada de negociação, podem constituir a parte mais significativa da argumentação, desde que validada por UM e OUTRO. É um contra-senso querer avaliar a consistência e a validade de um argumento fora da dinâmica de compartilhamento de opinião entre UM e OUTRO. Equivale a avaliar (ou a tentar avaliar) um lance do enxadrista sem levar em conta a posição anterior das peças sobre o tabuleiro.

Considere-se, ainda, que cada conjunto de comportamentos verbais pode se constituir em tijolo para construção da argumentação ou em argumentação como um todo, não sendo possível prever com segurança se o OUTRO permitirá ou não que UM conclua a seqüência que havia projetado. Apesar de, em alguns momentos, a negociação se assemelhar a uma partida de xadrez, não há garantias de que o OUTRO aguardará que UM complete seu lance, antes de iniciar o seu. Mesmo que os negociadores tenham estabelecido regras claras para a apresentação das contribuições de cada um, eles próprios podem quebrá-las em um momento de desespero.

"Então, para que servem estas regras e acordos operacionais entre negociadores? Melhor não perder tempo como isso!" – Alguém pode afirmar, questionando a sua função.

As regras e acordos operacionais funcionam como sentinelas da negociação. Quando as sentinelas são abatidas, o destacamento militar constata que está sob ataque inimigo e, imediatamente, entra em prontidão. Quando as regras e acordos operacionais deixam de ser respeitados, é recomendável redobrar a atenção para descobrir o que mudou. É possível que os interesses tenham se alterado ou que o desespero tenha dominado o clima da rodada. Outros aspectos da natureza da negociação podem estar se manifestando e não devem ser desprezados.

Finalmente, a seqüência é retomada a partir do "sentir" que tem agora o seu mais recente agir e a imediata participação do OUTRO para levar em consideração, sempre lembrando que UM e OUTRO equivalem às duas rodas de uma bicicleta: uma não anda em separado da outra e a bicicleta não se equilibra sem a colaboração das duas. Além disso, ninguém aprende a negociar se não estiver disposto a correr o risco de errar.

O que eu faço agora?

Se os comportamentos de cada um contribuem para que se estabeleça a trajetória da negociação, é nela que se evidencia, também, o grau de integração ou de divórcio entre sentimentos e pensamentos de cada negociador. Assim sendo, muitos estudos foram realizados na área da linguagem, voltados para a aplicação prática no cotidiano das pessoas. Alguns destes se voltaram para os atos ilocucionais (aquilo que fazemos por meio da linguagem somente, sem auxílio de outros meios. "Prometer" é um exemplo de ato ilocucional, um ato que se restringe ao domínio da fala ou da escrita), outros para a análise do discurso (como o que foi apresentado quando se tratou do polêmico, lúdico, autoritário e fatual) e há um outro que, denominado de "habilidades interativas", enfoca a utilização de comportamentos verbais, notadamente nas reuniões de trabalho, realizadas nas empresas.

Uma série de levantamentos foi feita em várias empresas americanas e aqui, no Brasil, participei da equipe de consultores internos que acompanhou uma série de reuniões de trabalho, muitas delas de negociação entre fornecedores e clientes internos da Xerox do Brasil S.A., durante a implantação da estratégia denominada "Liderança Através da Qualidade", uma derivação de "Total

Quality Control", na década de 1980, quando foi possível constatar inicialmente a validade desta classificação dos comportamentos verbais. Posteriormente, tive oportunidade de verificar a utilidade desta classificação para que os negociadores tenham um quadro completo e claro das suas opções, relativas aos comportamentos verbais utilizáveis durante rodadas de negociação, tanto com seus representados quanto com representantes de outras instituições.

Desde a década de 1980 até hoje, o seguinte "cardápio" tem demonstrado sua utilidade para inúmeros negociadores com os quais atuei como consultor ou que participaram dos seminários e cursos que ministrei. Alguns deles foram bastante críticos, mas não conseguiram identificar inconsistências neste instrumento e passaram a incorporá-lo ao seu cotidiano.

O cardápio dos comportamentos verbais

Estes comportamentos são apresentados na ordem alfabética para que ninguém interprete que um é mais importante do que o outro em função de sua ordem de apresentação. Aliás, a princípio, nenhum comportamento é, em si, melhor do que os outros. É possível, sim, que um se apresente como mais apropriado para uma determinada situação, em decorrência da trajetória da negociação. Mas não garante o sucesso!

Para que cada um possa fazer suas escolhas de forma mais clara, os elementos usados são definidos a seguir:

Comportamento Nome e definição do comportamento verbal.

Situação Caracterização das circunstâncias básicas em que o comportamento ocorreu, de forma a facilitar a diferenciação entre os comportamentos.

Exemplo Uma das formas que o comportamento pode assumir.

Perigo Alerta para os perigos do uso excessivo do comportamento verbal.

A trajetória da negociação

Comportamento	Situação	Exemplo	Perigo
Anunciar	UM tem a impressão de que o OUTRO está defensivo e não quer contribuir para que sua resistência aumente.	"Eu gostaria de fazer a seguinte pergunta: ..." "A questão que vou levantar agora me parece pertinente para o momento: ..."	O uso exagerado deste comportamento pode passar a impressão de que UM tem medo da reação do OUTRO ou que dá mais atenção à forma do que ao conteúdo da mensagem.
Concordar	O OUTRO faz uma afirmação que é relevante e coerente com os interesses e a argumentação de UM; portanto, UM tem intenção de realçá-la na mente do OUTRO.	"Concordo plenamente com esta afirmação!" "É isto mesmo: Isto é importante!"	O uso indiscriminado deste comportamento pode levar o OUTRO a classificar UM como bajulador. Mas o maior perigo é concordar com posturas inconsistentes entre si, comprometendo a qualidade da negociação.
Buscar informação	UM não dispõe de determinados dados relevantes para tomada de decisão e solicita que o OUTRO os forneça.	"Gostaria de saber que prazo pode ser considerado razoável neste caso."	O uso repetido de perguntas de uma mesma forma pode passar ao OUTRO a impressão de estar sendo submetido a um interrogatório policial.
Construir	O OUTRO propõe que cada parte pesquise alternativas de locais para a construção de prédio de depósito a ser utilizado pelas organizações de UM e OUTRO.	"Ótimo! E cada uma das partes compõe um comparativo das alternativas com base nos critérios estabelecidos."	UM pode passar a impressão de superficialidade se usa este comportamento sem certificar-se de que realmente estudou a proposta do OUTRO. UM também pode ser considerado omisso se só constrói e não propõe.
Dar informação	É a resposta adequada para o "Buscar Informação" realizado pelo OUTRO: "Gostaria de saber que prazo pode ser entendido como razoável neste caso".	"Acredito que se pudermos completar o projeto em um período de entre 180 e 210 dias, estaremos atendendo às expectativas."	O perigo maior é um se enganar, fornecendo dados que não foram solicitados e que não são valorizados pelo OUTRO; e se iludir, achando que está dando informação.

Comportamento	Situação	Exemplo	Perigo
Defender/ Atacar	O OUTRO diz: "Estes dados são inconsistentes!" UM se sente insultado e responde:	"Estes dados só são inconsistentes para quem os analisa de maneira leviana, tendenciosa e superficial como você fez!"	Isto pode ferir o negociador e tornar a relação tão imatura a ponto de requerer a intervenção de outros para acalmar os ânimos. Seu uso moderado, no entanto, pode servir para demarcar limites.
Discordar	O OUTRO apresenta dados que não são compatíveis com os dados disponíveis a UM.	"Estes dados não estão de acordo com os dados de que disponho; portanto, não posso concordar com a inclusão deles no debate."	Negociadores que se encontram em situação de imaturidade podem interpretar isso como um ataque pessoal (Defender/Atacar) e até romper a negociação. O uso acentuado deste recurso pode criar um clima de briga e consumir muito tempo.
Propor	Uma parceria está sendo estudada pelos negociadores e UM sugere:	"Um depósito poderia ser construído de forma a servir de entreposto onde as cargas seriam parceladas."	A apresentação de uma proposta logo após a outra não permite que a primeira seja adequadamente considerada.
Resumir	Passado um período da rodada, UM entende que algumas conclusões precisam ser destacadas como relevantes para a tomada de decisão.	"Concordamos, então, que as melhores alternativas estão no nordeste, que o prazo é de doze meses e que dispomos do capital para concluir o projeto."	O uso freqüente deste torna a rodada claudicante e pode dar a impressão de que o negociador está inseguro ou é detalhista.
Testar o próprio entendimento	O OUTRO diz: "Isto não é um problema nosso!"	"Devo entender, então, que não devemos reservar nem tempo nem recursos para tratar desta questão? É isso?"	Diante de um negociador imaturo e agressivo, o uso constante deste comportamento pode ser interpretado como provocação para o defender/atacar.

A trajetória da negociação

Dentre estes comportamentos, um se destaca pela sua versatilidade e utilidade para o desenvolvimento de argumentos convincentes/persuasivos. Trata-se de "buscar informação", uma vez que permite não só conhecer a forma como o OUTRO sustenta a opinião como para alinhavar a tomada de decisão. Por isso, as perguntas são destacadas como um dos meios para realizá-lo.

Perguntas

É comum as pessoas terem uma imagem do negociador como sendo uma pessoa que fala bem e bastante como forma de impor sua vontade aos outros.

Estes traços não correspondem às características de um negociador profissional cuja principal atividade é investigar e pesquisar, e cujos principais instrumentos de trabalho são as perguntas constituídas com base em: o que, quando, onde, quanto, quem e por que.

As perguntas podem ser orientadas no sentido de buscar informações que sirvam para caracterizar:

1. Situação
2. Problemas
3. Implicações
4. Ganhos

E, preferencialmente, devem ser organizadas nesta seqüência entremeadas de outros comportamentos verbais, para evitar que o outro se sinta como se fosse suspeito de algum delito, em plena sessão de interrogatório.

Perguntas de situação

Visam identificar os traços característicos da situação da entidade representada pelo OUTRO, de tal forma que este constate seu real interesse em conhecer as circunstâncias a partir do ponto de vista dele e perceba que as suas perguntas são bem fundamentadas, fruto de pesquisa anterior.

Cumprem sua função quando o OUTRO percebe que o negociador profissional compartilha dados que o credenciam a situar ambas as entidades na cadeia de suprimento de que participam.

Perguntas de problemas

Visam acolher as percepções do OUTRO com relação ao problema que se caracteriza como motivo para a negociação.

Cumprem sua função quando ambos chegam a uma definição consensual do problema.

Perguntas de implicação

Visam identificar a classificação do problema segundo a prioridade por parte da outra organização.

Cumprem sua função quando aspectos referentes a custos, tempo, incômodos, perdas e oportunidades relevantes para caracterização do problema ficam claros para ambos os negociadores. E principalmente: quando se constata o desejo real de se buscar uma solução negociada para o problema.

Perguntas de ganho

Visam identificar o grau de empenho do negociador em buscar solução para o problema e o tipo de solução buscada.

Cumprem sua função ao gerar uma certa dose de cumplicidade entre os negociadores em torno da necessidade de buscarem juntos uma solução para um problema específico. É uma forma de conquistarem determinados benefícios para as entidades que representam, o que servirá, também, para valorizá-los ainda mais enquanto profissionais.

Perguntas abertas

Incentivam o interlocutor a desenvolver idéias na forma de conjunto de frases para respondê-las, e por isso são prioritárias.

Perguntas fechadas

Permitem resposta "sim", "não" e outras bem específicas. Devem ser utilizadas com um pouco mais de cuidado, em circunstân-

A trajetória da negociação

cias muito específicas, quando poderão não somente ser relevantes para UM mas ser consideradas relevantes pelo OUTRO.

São elas que permitem que os negociadores caminhem juntos.

A opinião expressa e sustentada por um profissional identifica a postura política que ele adota e, conseqüentemente, o seu alinhamento com alguns e o desalinhamento com outros agentes detentores de autoridade equivalente ou superior.

Silêncio

O silêncio revela a deferência de UM para com o OUTRO, viabilizando o diálogo. Neste sentido, pode ser denominado de comportamento verbal tão recomendável como todos aqueles que estão acima. A ausência do silêncio e do olhar atento para o OUTRO pode desqualificar a realização de comportamentos como "buscar informação" e "propor", apesar de imitar sua forma. A sua presença, todavia, por períodos prolongados, pode despertar temores ou quebrar o ritmo da rodada.

Sobre este pode-se afirmar que haveria muito para se dizer (o que soa como um paradoxo: "falar muito sobre o silêncio"!) em função dos diferentes significados que ele pode assumir quando se combina a gestos e situações. Aqui fica destacada somente sua importância.

Assumindo que estes sejam os principais comportamentos verbais de um negociador, pode-se proporcionar a sua formação profissional por meio do estudo e prática deles até que sejam assimilados e praticados com naturalidade. A incorporação destes à dinâmica do papel demanda ainda o desenvolvimento de outras áreas: a primeira é a do conhecimento específico dos conceitos que serão debatidos e da situação que será enfocada; e a segunda é a do repertório de critérios para a tomada de decisão.

No início de seu desenvolvimento profissional, o que vivencia o papel de negociador o faz a partir de uma perspectiva de *role player* e pode – desde que a sua dedicação e o acaso permitam –, transformar-se em *role creator* quando, em função da competência demonstrada de fato em situações reais e diante de outros negociadores competentes e dos resultados alcançados com o tempo, sua contribuição para o estabelecimento dos critérios de tomada de decisão é mais efetiva e chega a influenciar nos critérios de avaliação de desempenho e resultados. De qualquer forma, tudo começa no ordinário (os comportamentos verbais) até atingir o extraordinário (a argumentação convincente/persuasiva), da mesma forma que o motorista inicia o seu aprendizado realizando os movimentos básicos numa pista reta e desimpedida, com um instrutor ao seu lado, e o conclui quando consegue conduzir o seu veículo apesar das contrariedades, não precisando de tanta atenção para realizar os movimentos básicos como demandava no início.

Outra distinção é que o *role creator* domina a arte da argumentação cujas bases são apresentadas a seguir, com o propósito de fornecer subsídios para que se reconheça estar diante de uma argumentação e seu tipo, com base no livro *Tratado da Argumentação – A Nova Retórica*, de Chäim Perelman e Lucie Olbrechts-Tyteca, edição de 2002 pela Martins Fontes. Sempre lembrando que argumentação não é só forma, é a combinação de forma e conteúdo a uma determinada situação. Esta pode ser construída predominantemente por um dos negociadores, mas só é válida quando é assumida pelos envolvidos, apesar das restrições e críticas. A argumentação, filha da opinião, nunca é perfeita. Assim, com o tempo, ela provoca o surgimento de novos adeptos e detratores em função de sua própria natureza. Todos os que exercem papéis cuja sustentação se dá por argumentos descobrem isso mais cedo ou mais tarde, por meio de doses variáveis de sofrimento e perda; por isso tanto os negociadores como os líderes tendem a ser criteriosos antes de apresentar seu apoio a uma idéia ou proposta. Sempre lembran-

A trajetória da negociação

do que todo negociador exerce liderança, mas nem todo líder exerce a negociação, podendo se restringir ao uso da argumentação junto a seus subordinados.

Nas empresas, as idéias e propostas são sempre boas de acordo com a opinião sustentada por quem as apresenta, mas demandam investimentos que, por sua vez, requerem resultados. Portanto, o envolvimento e o apoio de UM a uma linha de ação pode comprometer sua imagem profissional, se este não se atualizar. As glórias do passado não garantem a sustentação eterna, logo a acomodação e a conivência constituem opção de risco.

A argumentação apresentada por um negociador é o seu aval para uma proposta, não importando se esta foi originariamente elaborada por ele próprio ou por outra pessoa. Assim, em negociação, tanto a interpretação de que UM convenceu/persuadiu o OUTRO, ou de que o OUTRO convenceu/persuadiu UM, ou ainda de que ambos se convenceram/persuadiram são válidas. Isto significa que as atividades humanas, ao alcançarem o estado de arte, permitem (para o desespero de alguns desejosos de certezas) várias interpretações, no âmbito da comunicação, e até no da física. Eis uma afirmação de Bertrand Russel, em obra já citada neste livro: *ABC da Relatividade*, à página 7 da edição de 1974, para colaborar com esta visão: "ser-lhe-á, portanto, possível dizer e pensar que viajou até Edimburgo, e não que Edimburgo viajou até você, embora esta última hipótese seja igualmente exata".

Se UM ou OUTRO se vangloria pelo sucesso alcançado durante uma rodada, é porque esta é uma forma de comemorar a realização de um passo importante na sua trajetória junto a seus representados, demonstrando que valeu a pena depositarem nele sua confiança, mas o êxito é de ambos, UM + OUTRO, posto que ninguém mais, além deles, sabe quantificar o sacrifício e a conquista que este passo representou.

Para que este estado de arte seja viável, aqui são apresentados seus materiais. Se se tratasse de "pintura", seriam apresentados pincéis, telas, tintas e exemplos de obras dos mestres. Como se trata de negociação, apresentam-se comportamentos verbais, argumentos e etapas para que pessoas reais façam arte de verdade no seu cotidiano, arte que não será exposta em nenhuma galeria.

Comportamentos verbais não-recomendados

Há comportamentos verbais cujo uso aumenta a distância entre UM e OUTRO, o que os torna não-recomendados. Isso não significa que o negociador que o utilizar será expulso da "corporação" ou receberá cinqüenta chibatadas em praça pública. Em vez disso, o uso freqüente destes comportamentos pode dificultar o andamento da rodada ou até gerar impasses que, quando reiterados, poderão desqualificar os negociadores em ação. Sugere-se, então, que eles sejam evitados sempre que possível. São eles:

Prometer

Quem promete algo a alguém fica em débito com o OUTRO sem saber se conseguirá cumprir sua promessa. Corre, portanto, o risco de não cumprir o que prometeu e, com isso, desqualificar-se. Pode ganhar muito pouco no curto prazo e perder muito no longo prazo constituindo-se, assim, em mau negócio.

Ameaçar

Estruturalmente "prometer" e "ameaçar" se equivalem. Ninguém sabe se cumprirá suas ameaças ou se será impedido de fazê-lo. Para o negociador, é pior do que a promessa pois já se caracteriza, ela própria, em agressão.

Interessante lembrar que alguns acreditam se safar do desgaste, realizando estes comportamentos longe de testemunhas para, depois, poderem afirmar: "Eu não fiz isto!" ou "Não foi bem assim". Mas o OUTRO é a testemunha, ele é alguém de confiança dos seus representados. Melhor não se esquecer disso, mesmo quando se acredita que este OUTRO é um incompetente.

Cobrar

A cobrança é uma forma autoritária de relacionamento (apesar de não ser necessariamente expressão de autoritarismo). Se o OUTRO não cumpre o que foi combinado ou não presta contas do que fez é porque não negociou, e aquilo que se imaginava ter sido uma rodada de negociação não passou de uma encenação. Cabe a UM decidir o que fazer, se continua tratando com este representante ou se busca outro da mesma instituição ou de outra.

Criticar

A crítica à pessoa ou a um de seus atos é geralmente recebida como ofensa (que se agrava se feita diante de testemunhas) e extrapola a classificação de "autoritário", alcançando o nível do "autoritarismo", da ofensa sem necessidade, do capricho inconseqüente, do desprezo que pode ser fruto do preconceito. Aliás, a acusação de preconceito é um dos revides mais comuns às críticas contundentes.

Irritar

Alguns comportamentos são irritadores, porque encarnam o desprezo pela contribuição do OUTRO, impedindo-a, obstruindo-a ou dificultando a sua realização. Alguns exemplos são:
- UM falar ao mesmo tempo que o OUTRO;
- UM ocupar-se de atividades alheias enquanto o OUTRO fala;
- UM resmungar uma resposta inaudível para o OUTRO e não expressá-la claramente quando solicitado;
- UM ficar repetindo as mesmas frases várias vezes sem constituir nexo com as frases do OUTRO;
- Tapas na mesa;
- Muchochos;
- Gritos;
- Expressões de escárnio e sarcasmo.

Estes comportamentos não são recomendados porque, apesar de poderem servir para que UM alcance seu objetivo restrito a um determinado momento, contribuem para o desgaste da sua imagem e, conseqüentemente, do seu relacionamento com o OUTRO, de tal maneira que, nas situações seguintes, enfrente uma resistência muito maior por parte do OUTRO aos seus argumentos. Em algumas circunstâncias, o acúmulo de aversão pode levar UM a ser preterido quando comparado com concorrentes seus que, em outros aspectos, até mesmo não apresentam vantagem significativa.

A confiança é a cobertura de um delicado confeito; uma vez partida, jamais conquista a consistência e o brilho originais; portanto, respeitar o OUTRO não é uma questão periférica, não é algo ligado simplesmente às "boas maneiras", é a essência dos negócios.

Observe-se que a intenção principal do negociador é manter um foco na mente do OUTRO, na forma de várias luzes acesas em torno de um determinado tema, de maneira a permitir que haja adesão da sua mente, que este passe a prestar atenção a este tema de uma outra maneira, uma maneira que leve em conta as contribuições deste UM.

Os comportamentos verbais são matérias-primas utilizadas pelo negociador profissional para construir uma "ponte intelectual" entre ele e o OUTRO, uma área de contato estabelecida a partir de uma linguagem comum, desde que devidamente orientada na forma de **argumentação** que é sempre única, ou seja, só serve para uma rodada de negociação com um negociador específico, numa determinada situação. Uma argumentação, então, só é elaborada e implementada a partir do momento em que o negociador souber:

Qual é o problema prioritário;
O que quer fazer;
Com quem vai negociar e como é este profissional;
Que comportamentos verbais deve usar e evitar;
De que forma e em quanto tempo deverá percorrer as etapas de negociação.

Cabe ao negociador decidir

O que **Onde** **Quando** **Quanto** **Para quem** **De que forma**	Dizer

A partir de várias decisões com relação a este conjunto, o seu desempenho se demonstrará

adequado

quando contribuir para que certas portas se abram ou se mantenham abertas; e

inadequado

quando contribuir para que certas portas se fechem ou se mantenham fechadas, na direção do alinhamento de interesses.

A técnica contribui apresentando o repertório de comportamentos verbais mais cabíveis para uma reunião de negócios; no entanto, é necessário que o próprio negociador constitua seus repertórios de critérios para escolha dos comportamentos e o seu repertório de palavras e expressões para realizar os comportamentos selecionados.

O **repertório de critérios** é constituído a partir de estudos e da participação atenta às rodadas de negociação.

O **repertório de palavras e expressões** é constituído principalmente pela leitura de livros, jornais e revistas de qualidade, combinada com o ensaio, a prática e o acompanhamento da atuação de outros negociadores. Assistir a filmes e a peças teatrais também pode ajudar bastante, por isso um capítulo com algumas sugestões será apresentado adiante.

Esses dois repertórios não podem ser simplesmente fornecidos ao negociador. São construídos por ele, uma vez que desta construção dependerá o seu estilo, a sua marca registrada, aquilo que o qualificará para determinadas negociações e o desqualificará para outras. Quanto mais amplos forem estes repertórios, mais chances haverá de o negociador dar contribuição para que o processo de negociação chegue a bom termo, principalmente no que diz respeito a adequar o seu discurso ao entendimento do outro.

Problemas, Problemas e mais Problemas

Área de Conforto

Empresários, gerentes e profissionais envolvidos no processo de negociação constituem áreas de conforto, isto é, repertórios de atitudes e competências com os quais se identificam em função dos resultados satisfatórios que estes lhes proporcionaram durante um determinado período, propiciando uma dose de comodidade estável nas suas relações cotidianas. Neste espaço, as perguntas e respostas são conhecidas e consideradas válidas, o que significa que aí não se caracterizam desafios.

Esta identificação entre as pessoas e os seus repertórios gera a busca da manutenção de uma imagem no âmbito empresarial cujo consumo de energia é significativo, uma vez que o indivíduo procura reforçar os traços que o caracterizaram no passado, pela manutenção de uma determinada hierarquia de valores (conjunto de critérios para tomada de decisão) de tal forma que sua orientação básica é repetir comportamentos semelhantes aos realizados no passado, na expectativa (ilusória, é claro) de alcançar resultados equivalentes.

O negociador profissional nota que mexeu com a área de conforto de alguém quando o OUTRO reage se colocando na defensiva, dizendo algo parecido com: "Isto nunca foi feito aqui e eu acho que não vai dar certo!"

O que equivale àquela frase muito usada pelas crianças quando alguém lhe oferece uma fruta ou legume que ela ainda não experimentou: "Eu não gosto disto!" ou "O senhor Fulano de Tal (alguém de cargo superior) jamais concordaria com este tipo de ação!"

O difícil é o negociador perceber até onde ele está comprometido com sua área de conforto, até que ponto é possível mantê-la ou, pior de tudo quando é necessário fazer o extremo sacrifício de alterá-la para viabilizar o alinhamento de interesses.

Uma vez que este conceito é muito importante para desenvolvimento deste tema, pois não só determina a predisposição para negociar como identifica o referencial a partir do qual o negociador decodifica as mensagens que recebe, duas breves estórias são apresentadas a seguir para ajudar na identificação da dinâmica da área de conforto.

A trajetória da negociação

Anjos e Tempestade

Uma mulher certa noite sonhou que, em meio a uma tempestade, um anjo surgiu e lhe disse: "Nada tema, você será salva".

Na tarde do dia seguinte, começa uma chuva muito forte. Depois de algum tempo, as ruas estão alagadas e várias pessoas batem à porta da mulher chamando-a para deixar sua casa e embarcar num dos ônibus que retiram a população dali. A mulher responde: "Eu nada temo, pois sei que serei salva".

Passadas algumas horas, as ruas estão inundadas. Um barco da defesa civil vem à sua casa. As pessoas que estão no barco chamam-na para embarcar e partir com elas. A mulher responde: "Eu nada temo, pois sei que serei salva".

No meio da noite, já não podendo mais ficar dentro da casa tomada pelas águas, a mulher sobe até o telhado. Um helicóptero da defesa civil se aproxima e lança-lhe uma escada. Um bombeiro desce pela escada e a chama. A mulher responde: "Eu nada temo, pois sei que serei salva".

A correnteza derruba a casa e a mulher morre afogada, agarrada às suas coisas. Logo chega à presença de São Pedro pronta para fazer uma reclamação: "Eu acreditei no seu anjo e veja só no que deu!"

E São Pedro bonachão:

"É verdade, eu lhe enviei um anjo durante o seu sonho com uma mensagem. Mas, durante a tempestade, outros três anjos se apresentaram para salvá-la e você preferiu permanecer na sua área de conforto. Então não pude fazer mais nada. Agora, em função de sua teimosia, você terá que fazer um estágio no purgatório antes de nós debatermos o seu destino".

Se a personagem tivesse deixado por algum tempo a sua área de conforto, haveria pelo menos alguma chance de ela sobreviver e até construir uma outra área.

Serviço de Guincho

Você está em sua casa, tranqüilamente observando seu filho brincar quando o telefone toca. É uma daquelas mocinhas muito simpáticas que lhe oferecem os mais variados tipos de serviços. Desta vez, a oferta é de um seguro para a sua viagem de férias que lhe garante todo o suporte desde o momento que você sair de sua casa até o momento que retornar a ela com sua família.

Você, plenamente instalado na sua área de conforto, imagina que jamais precisará disto e, dando uma resposta qualquer, desliga o telefone antes mesmo de a mocinha terminar a leitura da mensagem do seu script.

O tempo passa.

Um dia você está em viagem de férias com a família. Num deslize qualquer, você erra o caminho e só descobre o engano vários quilômetros à frente, quando percebe que a qualidade da estrada deteriorou demais. Depois de consultar o mapa, você descobre que precisa retornar.

Já é noite e começa a chover. Você acelera querendo se livrar desta situação desagradável e, não percebendo um buraco da estrada, passa por ele com a roda dianteira, provocando um grande estrago na mesma. Seu celular não funciona. Nenhum carro aparece.

Daí, como que por milagre, um guincho aparece. O guincheiro se apresenta, pergunta se quer que leve o carro para algum lugar. Você concorda e quer saber o preço.

Então você nota que com uma rápida passada de olhos o guincheiro analisou sua situação: a família toda num carro novo, cheio de malas, com criança chorando, o restante do pessoal irritado, numa estrada desconhecida, no meio de uma noite chuvosa; e calculou o preço. E com toda tranqüilidade dele pronunciou um valor que você considera exorbitante. Ao final, acrescentou que o pagamento é adiantado.

Você reclama. Diz que é um absurdo. Lembra que custa dez vezes o valor do seguro que lhe ofereceram. Faz beicinho até. Mas

A trajetória da negociação

a única reação do guincheiro é olhar para os lados e perguntar: "Vai querer que eu leve o carro até a cidade mais próxima ou prefere ficar aqui? Eu não posso ficar plantado aqui, a noite toda!".

Durante os "bons momentos", raramente as pessoas querem falar de problemas, principalmente daqueles que se apresentam como potenciais ou (como alguns preferem chamá-los) riscos remotos.

Durante as tormentas, quando soluções preferidas não funcionam, a expectativa é de que alguém venha nos salvar, de preferência numa forma angelical, cobrando bem baratinho.

Estas são as projeções de quem quer permanecer na sua área de conforto. Estas projeções, no entanto, raramente correspondem à realidade. Cabe, então, ao negociador empresarial atuar tanto durante os "bons momentos" como durante as tormentas, sabendo que a sua matéria-prima é constituída principalmente de problemas.

As oportunidades também existem, mas com elas todo mundo acredita que já sabe lidar, por isso só se lembram do negociador quando os planos não estão sendo cumpridos ou quando os objetivos não estão sendo alcançados.

Para tanto, é essencial saber que:

Nenhuma negociação empresarial significativa acontece sem que as áreas de conforto dos envolvidos sejam alteradas.

Este é, muitas vezes, o principal sacrifício requerido dos envolvidos em negociação. Estes podem identificar esta necessidade mediante perspectiva de ganho ou de perda, desde que estejam atentos aos sinais de mercado ou aos indicativos de obsolescência ou desgaste de seus relacionamentos com outras instituições.

É claro que, quando a "vaca já está no brejo", qualquer um percebe que deveria ter negociado de uma maneira diferente. Mas quando a empresa está nesta situação, é sinal de que a postura dos negociadores não foi adequada, ou a forma e o conteúdo da argumentação não foram produtivos, ou os negociadores desprezaram os sinais de desgaste das relações quando estes ainda eram tênues.

De qualquer forma, é imprescindível que os negociadores não se acomodem às áreas de conforto que construíram em algum momento, considerando-as eternas.

Para o negociador profissional, não existe nada eterno nem perfeito.

Quanto a consenso, esta é a definição operacional que se apresenta como base para atuação do negociador:

O consenso é constituído

quando cada um dos participantes puder verdadeiramente afirmar:
- Tive oportunidade de entender os pontos de vista das pessoas envolvidas e a aproveitei, demonstrando respeito pelos mesmos;
- Apresentei a minha contribuição relevante para o tema e ela foi entendida e respeitada pelas pessoas envolvidas;
- Entendo que a tomada de decisão se processou de maneira honesta, aberta, compatível com as disponibilidades de tempo e outros recursos e com base em critérios adequados.

Conclusão

Darei todo o meu apoio ao que está planejado, independentemente de esta decisão:
- ter sido a minha preferida inicialmente ou não;
- Ou das reações daqueles que não participaram da tomada de decisão serem favoráveis ou contrárias às decisões.

Até que acontecimentos externos a nossa vontade nos levem a rever nossa decisão.

Problema: ponto de partida e de chegada

As empresas são lugares de tensão. Nelas existe uma cobrança permanente por melhores resultados, combinando produtivida-

A trajetória da negociação

de, qualidade, lucratividade e fatia de mercado, condição alcançada de maneira estável somente por aquelas que investem na geração e manutenção de competências capazes de tornar suas realizações diferentes e melhores do que as realizações de suas concorrentes.

Neste clima, os problemas são comuns. Aliás, são a matéria-prima principal com que trabalham executivos e profissionais cuja tarefa primordial é identificar e definir problemas prioritários. Ou seja, aqueles problemas para os quais, agora, deve ser dirigida proporção considerável de energia organizacional (tempo e recursos empresariais) com o objetivo de minimizar seus efeitos ou eliminar suas causas, seja em caráter preventivo seja corretivo.

Assim sendo, as empresas podem viver situações de **racionalidade** (quando os fatos são considerados com a maior dose possível de isenção)[26] e situações de **racionalismo**[27] (quando as opiniões, as posições assumidas no passado são sobrepostas aos fatos).

De qualquer forma, a energia organizacional é canalizada para problemas **percebidos** pela cúpula da empresa como sendo aqueles que representam maior obstáculo atual ou potencial entre os planos e projetos empresariais e os resultados efetivos, tanto em amplitude como em profundidade. Ou para aqueles problemas para os quais a cúpula acredita já dispor de meios para resolver. Isto mesmo: há casos em que as pessoas desprezam os problemas que consideram mais complexos e se concentram naqueles para os quais acreditam dispor de soluções. Esta alternativa pode não ser a mais

---

[26] Racionalidade: qualidade daquilo que se conclui pela razão, por **dedução** (do geral para o específico), processo pelo qual, com base em uma ou mais premissas, se chega a uma conclusão necessária, em virtude da correta aplicação de regras lógicas, inferência ou conclusão. Ou por **indução** (do específico para o geral), operação mental que consiste em estabelecer uma verdade universal ou uma proposição geral com base no conhecimento de certo número de dados singulares ou de proposição de menor generalidade; generalização.

[27] Racionalismo: atividade do espírito de caráter puramente especulativa, com forte ênfase para memórias, principalmente privilegiando as memórias de alguns em detrimento das de outros.

efetiva do ponto de vista de busca de melhoria da saúde organizacional, mas dá uma resposta imediata à situação e permite que as equipes "mostrem serviço" dizendo que estão "fazendo alguma coisa". No entanto, fica evidente que as opiniões se sobrepuseram aos fatos, de tal forma que esta alternativa, quando adotada, requer atenção redobrada, uma vez que os fatos relevantes, quando desprezados ou contrariados, demonstram sua força no mundo real.

De qualquer forma, a técnica se mantém disponível e indica que

Problema real
é a diferença entre o que se esperava que acontecesse e o que na realidade aconteceu.

Problema potencial
é a diferença entre o que se espera que aconteça
e o que pode acontecer se o curso das ações atuais não for alterado.

Quando a empresa dispõe de um sistema de planejamento e controle, os problemas **podem** ser identificados, percebidos e priorizados com menor volume de dificuldades do que quando a empresa não dispõe disto.

As ações de formalizar ou evidenciar a identificação, a percepção e a priorização estão inseridas nas relações de poder (relações políticas) entre as partes e, como tal, demandam negociações cujos rituais podem ser mais explícitos e formais ou mais implícitos e informais. Neste último caso, gera acordos tácitos[28] cujo principal objetivo é preservar a área de conforto de alguns até o ponto em que as condições objetivas da empresa puderem sustentá-las.

Como projetar este ponto?

Talvez, um dia, alguém consiga vislumbrar uma fórmula matemática capaz de prever o ponto de ruptura, aquele ponto a partir do qual se condena a empresa à concordata ou à falência agin-

---
[28] Que não se exprime por palavras, subentendido, implícito. Conforme 2ª edição do Dicionário Aurélio.

A trajetória da negociação

do desta forma. Enquanto isto não acontece, pode-se especular que estas condições se estabeleçam a partir do momento em que os reais problemas que afetam os fluxos essenciais da empresa não forem percebidos e priorizados a tempo de serem tratados ou quando os recursos disponíveis à empresa já não forem suficientes para superar estes problemas.

Se isto acontece, é sinal de que o sistema de negociação entrou em colapso, bem antes de outros sinais ficarem evidentes. Portanto, é essencial ao negociador profissional identificar claramente os problemas estabelecidos como prioritários e, na medida do possível, contribuir para que o estabelecimento dos problemas prioritários ocorra com base em critérios que privilegiam as condições objetivas dos fluxos organizacionais e da sua situação na cadeia de suprimento, onde a empresa está inserida, ao invés de fazê-lo com relação às áreas de conforto de alguns, sem que isso implique desprezo por elas.

Definidos os problemas prioritários, cabe ao negociador profissional investigá-los de forma a se preparar para colaborar para o consenso em torno dos seguintes temas:

1. Quais são as causas reais do problema?
2. Que causas serão tratadas somente no âmbito interno da empresa e quais delas serão tratadas tanto no âmbito interno quanto no âmbito externo (relações com clientes, fornecedores e outros)?
3. Que tipos de soluções serão viabilizadas?
4. Que critérios serão utilizados para selecionar as soluções?
5. Que bases serão usadas para avaliar os resultados?
6. Quais são os prazos limites?

Este é o roteiro mínimo para que a integridade funcional do negociador seja preservada, minimizando os riscos de este ser identificado com o problema e considerado "culpado" pela sua existência ou por não solucioná-lo no prazo desejado. Observe-se que aos outros sempre é dado o direito de criticar o que foi feito ou de sugerir uma outra solução (muito melhor, na opinião destes) quando uma já estiver sendo implementada.

A solução idealizada
soa sempre muito melhor do que a solução atual.
(É uma pena que o ideal nunca esteja disponível.)

Imagine o que sentia um sertanejo cuja ração de alimentos era mínima e de baixo poder nutricional, ao ouvir Antônio Conselheiro prometer que os guiaria para uma terra onde haveria "barrancas de cuscuz e rios de leite". Muitos o seguiram. Nenhum jamais encontrou estas barrancas e estes rios em Canudos.

As pessoas sabem disso e, em muitos casos, agem de acordo com a conveniência ou a conivência; portanto, não caia na tentação de se achar o "salvador da pátria" e muito menos de se considerar o portador de uma "carta branca" da cúpula para resolver problemas. Isto não existe. A cobrança sempre virá.

A partir do momento em que você está sujeito a várias tentações, escolha os pecados que você cometerá. Alguns são comuns e pouco recomendados:

- Acreditar que já sabe tudo a respeito do processo de negociação;
- Desprezar o OUTRO;
- Apaixonar-se pela sua própria argumentação;
- Improvisar durante a etapa de preparação;
- Trair a confiança alheia;
- Agredir outros negociadores;
- Acovardar-se diante da agressão ou da possibilidade de confronto;
- Manter-se na sua área de conforto, refém de seus truques e táticas.

Até os negociadores têm limitações. Geralmente não dispõem de poderes mágicos e, nas condições extremas, só podem contar com seus conhecimentos, seus gestos e seus comportamentos verbais, todos eles organizados na forma de repertórios de cuja combinação nascem argumentações com o objetivo de convencer (vencer com o OUTRO) e persuadir (demonstrar disposição para agir com o OUTRO numa determinada direção) para realizar algo que consi-

A trajetória da negociação

dera necessário, mas não tem o poder ou não considera conveniente impor.

Duas perguntas, então, precisam ser respondidas pelo negociador antes de se iniciar qualquer preparação para agir:
- Qual é o problema prioritário?
- O que o negociador espera conseguir que os outros façam junto com ele, para solucionar este problema?

Sem responder a estas questões (mesmo que tenha que alterar suas respostas posteriormente), existe grande chance de agir como um pateta, diante de um processo complexo constituído pelas seguintes etapas:

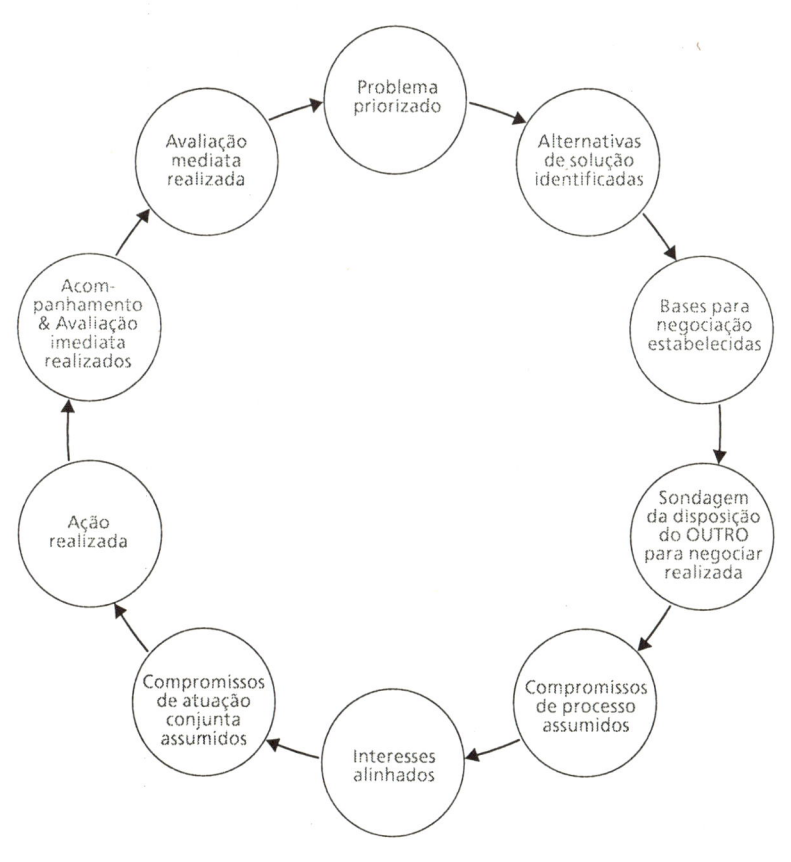

- Problema priorizado
- Alternativas de solução identificadas
- Bases para negociação estabelecidas
- Sondagem da disposição do OUTRO para negociar realizada
- Compromissos de processo assumidos
- Interesses alinhados
- Compromissos de atuação conjunta assumidos
- Ação realizada
- Acompanhamento & Avaliação imediata realizados
- Avaliação mediata realizada

Onde a qualidade do alinhamento de compromissos e interesses depende da qualidade da **argumentação** apresentada, da atuação das partes durante o período de **deliberação** (utilizando-se de concessão, confrontação, protelação e fechamento) e do **clima** (constituído principalmente pelo grau de confiança entre as partes).

Importante é lembrar que, através da avaliação mediata ou até da imediata, se identificam problemas que conduzem à etapa de número um, caracterizando um movimento circular.

Um caso

No ano de 2001, a empresa X estava na seguinte situação:
- Suas vendas estavam caindo há trinta e oito meses;
- Vinte e sete por cento dos clientes que compravam seus produtos regularmente há três anos, suspenderam totalmente suas compras;
- Os produtos lançados durante os últimos doze meses não decolavam e havia pedidos destes produtos que não tinham sido atendidos por problemas de produção;
- A cada mês que passava, maior proporção de duplicatas era descontada nos bancos;
- Vários técnicos de reconhecida competência haviam deixado a empresa;
- O nível de conflito entre os gerentes era crescente.

Solicitaram a apresentação de uma proposta para elaborar o diagnóstico da situação. No entanto, ao apresentá-la, fui informado de que a diretoria da empresa já havia iniciado um programa de atividades para reverter este quadro. A partir daquela semana, haveria um encontro de gerentes todas as sextas-feiras, após o expediente, para um churrasco na chácara do dono. Entendia-se que, com isso, um primeiro passo estava sendo dado na direção da integração dos gerentes.

Diziam estar "fazendo alguma coisa".

A trajetória da negociação

O difícil era precisar até que ponto esta "alguma coisa" poderia ajudar ou atrapalhar na reversão da situação da empresa.

De qualquer forma, ficava claro para todos que a opção inicial da diretoria tinha sido apostar na preservação das áreas de conforto de alguns. Restava saber até quando a cadeia de suprimento iria contribuir para esta acomodação. Isto significa que as decisões da cúpula de uma empresa precisam ser "validadas" pelos seus fornecedores, clientes, concorrentes e pelo público em geral.

Tomada de Decisão

Quem se envolve numa negociação tem como objetivo buscar uma melhor solução para um problema do que aquela que poderia ser implementada sem a colaboração do OUTRO.

Neste processo, a tomada de decisão é o momento mais delicado e complexo quando nenhuma das partes consegue impor suas escolhas aos outros envolvidos. Todos se dispõem a fazer o melhor possível com base nas necessidades e disponibilidades.

Há que se considerar, todavia, um aspecto essencial da tomada de decisão: os **valores**[29] pessoais envolvidos. Estes não se revelam na sua inteireza para as pessoas uma vez que envolvem de um lado conteúdos conscientes + conteúdos inconscientes da mente humana e, de outro lado, conteúdos reveláveis + não-reveláveis. Os valores, constituídos na forma de complexos envolvendo opiniões, crenças racionais e irracionais, ideais, posições e outras disposições mentais que podem remontar a aspectos arcaicos, compõem os critérios, os paradigmas orientadores da **escolha**, encarnando a identificação do indivíduo com aspectos de utilidade (exemplo = comer) e de sensibilidade (exemplo = compartilhar a refeição com amigos). Valores definem o formato dos **hábitos** das pessoas de tal forma cimentando a sua identificação com estes que podem torná-los invisíveis para o próprio indivíduo. Neste caso, a pessoa não sabe que tem determinados valores.

---

[29] Ver *Diretrizes do Pensamento Filosófico*, de J. M. Bochenski. Herder, 1971.

Os valores podem ainda se ligar a ideais como justiça, verdade e honestidade e, neste caso, são classificados como abstratos, em oposição aos concretos, ligados (por exemplo) a Brasil, Igreja ou Dinheiro.

Resta identificar os valores revelados (postos) durante a negociação (e, se possível, fora dela), procurando destacar aqueles compatíveis com soluções conciliadoras, uma vez que um valor não pode ser simplesmente rejeitado, pois isto não anula nem atenua sua interferência. Restam as alternativas de **interpretá-los e buscar maximizar ou minimizar seu peso** subordinando-o a outros valores por meio de argumentação.

Mas o **essencial** para a negociação é descobrir em que seqüência hierárquica se dispõem os valores referidos pelo OUTRO de maneira a caracterizar o alvo e os passos com maior chance de eficácia para convencer + persuadir, sabendo que qualquer alteração na hierarquia de valores de um indivíduo representa um sacrifício para ele próprio, sacrifício cujas proporções somente ele pode dimensionar. O observador pode inferir o tamanho do sacrifício do OUTRO, mas jamais o conhecerá de verdade: a dor da perda não é compartilhada.

Para vislumbrar esta hierarquia há que se observar o grau de intensidade com que um negociador demonstra aderência a um valor em comparação ao grau de intensidade com que ele demonstra aderência a outro, ao longo do tempo, tanto nos momentos em que age de maneira convencional como nos momentos de espontaneidade.

Para auxiliar nessa tarefa, serão apresentados alguns conceitos.

Lugares na Hierarquia de Valores

Um lugar é um compartimento reservado para uma premissa de ordem geral, uma espécie de divisória onde se organizam os argumentos próprios do indivíduo em torno desta premissa ou tema. Sua estrutura equivale à dos repertórios de competências ou de palavras.

A trajetória da negociação

Seus temas principais, aqueles para os quais se deu maior atenção até o momento, em função da utilidade diante das oportunidades de negociação no ambiente empresarial, são apresentados em ordem alfabética:

- **Lugar da Disponibilidade**
- **Lugar da Essência**
- **Lugar da Ordem**
- **Lugar da Pessoa**
- **Lugar da Qualidade**
- **Lugar da Quantidade**

Lugar da Disponibilidade

Este lugar destaca o valor do que existe, do que está disponível para ser usado de imediato, em comparação àquilo que se pode conseguir no futuro, mas que é incerto.

O orador que o valoriza prefere ditados como:

"Mais vale um pássaro na mão do que dois voando".

E geralmente se expressa no sentido de manter as coisas como estão uma vez que os problemas atuais já estão dominados.

Lugar da Essência

Este lugar destaca aquilo que melhor encarna uma função ou padrão. Algo como o *top of mind*.

Para o orador que destaca este lugar:

"Atrizes são Liv Ullman e Bibi Ferreira.
Atores são Lawrence Olivier e Paulo Autran.
O resto é figurante."

"Teatro é tragédia. O resto é só entretenimento."

É possível também que destaque a função de uso de um objeto em detrimento de suas funções estéticas ou vice-versa.

Lugar da Ordem

Este lugar destaca uma seqüência em função de um critério. Assim, quem afirma que as mulheres e as crianças devem ser resgatadas antes dos homens defende que aquelas são mais importantes e úteis para preservar o futuro da espécie humana do que os homens.

Destacando este lugar, o orador pode afirmar que o anterior supera o posterior. Assim, o pioneiro, o desbravador é mais importante do que o colono ou o oportunista:

> "Verdadeiros heróis foram os pilotos de caça da Segunda Guerra e não esses moleques que conduzem estas máquinas cheias de engenhocas eletrônicas."

Agora é necessário estar atento a sutilezas do seguinte tipo: para o orador que considera os fins mais importantes que os meios, o futuro vem antes do presente, enquanto que, para o orador que considera os meios mais importantes que os fins, o presente vem antes do futuro.

Lugar da Pessoa

Este lugar destaca as pessoas enquanto beneficiários dos ou prejudicados pelos diferentes aspectos de um projeto e está presente em frases como:

> "O maior patrimônio da nossa empresa são os seus recursos humanos, é gente que lhe dá vida e faz toda a diferença."

> "A guerra é a maior demonstração da estupidez sem limites dos seres humanos. Quantas vidas tiradas a troco de nada!."

Lugar da Qualidade

Este lugar abriga uma contestação ao volume e, no extremo, valoriza o único (que assim como o normal é um dos pivôs da argumentação).

A trajetória da negociação

O único encarna o original, o difícil de se realizar, o singular e o irreparável. O orador que prioriza este lugar pode afirmar que:

"O que é não-permutável, específico e personalizado é superior ao que é universal e mecânico."

"Cônjuges são melhores que amantes."

Lugar da Quantidade

Estabelece comparações entre diferentes volumes privilegiando o maior. Assim:

- Um maior número de bens é preferível a um menor;
- Um bem que serve a um maior número de fins é preferível ao que serve a menor;
- O duradouro e estável é preferível ao passageiro e instável. (Esta forma tem sido aplicada com freqüência para avaliação de processos empresariais, combinando tempo com tolerância de variação.)

Com base neste, um orador pode afirmar:

"Um educador tem mais valor do que um atleta porque suas ações beneficiam maior número de pessoas."

"Um livro é mais importante do que um jornal porque é lido por maior número de pessoas."

"A justiça e a temperança por serem sempre úteis são mais importantes do que a coragem que somente às vezes é útil."

Uma vez constatados os lugares privilegiados pelo OUTRO e a hierarquia destes lugares, é hora de identificar os comportamentos verbais que serão utilizados para manter aqueles que corroboram uma solução compartilhada no primeiro plano da sua consciência.

A mente do OUTRO [vista como um palco] tem certas áreas melhor iluminadas uma vez que elas se apresentam como o melhor caminho para o consenso entre as partes.

Recursos como estes, utilizados nestes dois parágrafos anteriores, são essenciais para este fim, e se constituem de analogia e figuras da linguagem como:

Metáfora

Um tipo de comparação disfarçada, uma vez que a comparação pode ser feita assim:

"Ela é bonita como uma flor!" e a metáfora pode ser assim: "Ela é uma flor!".

Metonímia

Transferência de uma palavra de seu lugar comum para outro usando, por exemplo, a parte para se referir ao todo. Assim, os rapazes de antigamente poderiam dizer:

"Eu gostaria de pedir a sua filha em casamento", mas prefeririam: "Eu gostaria de pedir a mão de sua filha em casamento".

Hipérbole

O exagero tão comum na fala de alguns que em vez de dizer: "Esta é uma proposta que merece atenção". Dizem: "Esta é uma proposta irrecusável! Não existe nada melhor no mercado".

Paráfrase

Consiste em reafirmar o que o OUTRO disse usando outras palavras.

Analogia, recurso útil para o negociador

Quais são os passos que o negociador pretende percorrer?

Geralmente, estes passos podem ser caracterizados como tendo os seguintes objetivos:

Primeiro Passo

Chamar a atenção do OUTRO

Para tanto, é necessário cuidar do conjunto dos elementos da comunicação (emissor, receptor, mensagem, canal, código e referencial) e do sentido que se dá à mensagem.

A trajetória da negociação

Segundo Passo

Conquistar e manter a adesão da consciência do OUTRO

Neste caso, é preciso incentivar o diálogo e construir argumentos.

Terceiro Passo

Viabilizar a identificação do OUTRO com os interesses comuns

Isto demanda deixar algum sinal, algum resíduo na mente do OUTRO não só pela construção dos argumentos como pela constituição de acordos relevantes, de tal forma que ele se sinta compelido a defender os termos do acordo junto aos seus representados, trabalhe no sentido de cumprir o acordo e de incentivar outros a fazê-lo também.

Como se pode ver, o trabalho deve ser realizado de forma integrada e conseqüente. Para tanto, a analogia é muito útil.

Para se construir uma analogia é necessário ter em mente que ela é constituída com base na **semelhança de relações entre dois pares de elementos** como os apresentados neste exemplo:

Assim como a abelha poliniza as flores
enquanto retira o seu suco,
o negociador arquiteta a argumentação
enquanto compreende o OUTRO.

A sua estrutura é a seguinte:

Elementos	Núcleos
A1	a abelha poliniza as flores
A2	retira o seu suco
B1	o negociador arquiteta a argumentação
B2	compreende o OUTRO

Sendo que a relação entre A1 e A2 é semelhante à relação entre B1 e B2, ou seja, assim como a abelha retira a matéria-prima do mel, da flor, o negociador retira a matéria-prima da argumentação, do OUTRO.

Foro

Ao conjunto A (A1 e A2) dá-se o nome de "foro" que é constituído pelos termos que servem para sustentar um determinado raciocínio a partir do destaque a traços (limitados) que permitem a exploração da relação de semelhança no sentido relevante e adequado para construção/apresentação de um argumento.

Tema

Já o tema é constituído pelo conjunto B (B1 e B2), termos que servem para expor uma determinada conclusão que servirá como linha para costurar os elementos da argumentação.

Uma vez que analogia não é identidade, exemplo, modelo, ilustração ou fábula, mas se localiza no âmbito da linguagem, da opinião, âmbito no qual o "mapa não é o território", é importante ser seletivo e cauteloso, uma vez que a analogia apresentada por um pode servir de base, fornecer subsídios para o opositor contestá-la. Veja como isso pode acontecer:

Um negociador usa a analogia acima para explorá-la neste sentido e o OUTRO a amplia para contestá-la pelo ridículo, dizendo algo como:

"Então você acredita que o negociador também tem um ferrão escondido na traseira, pronto para cravar nos outros!"

Observe, agora, como uma analogia pode ser construída.

A construção de uma analogia

Passos principais

1. Estabeleça o seu objetivo quanto à construção de argumento, incluindo o benefício potencial para o OUTRO (esclarecendo se este OUTRO é geral ou se é específico).

2. Caracterize o repertório de imagens e registro do OUTRO.

3. Selecione uma imagem do repertório do OUTRO que possa servir de **foro** em decorrência de uma relação de semelhança entre seus termos e os termos do **tema** que se alinha com o seu objetivo.

4. Organize os dois pares de elementos com base na estrutura da analogia.

5. Apresente os elementos do foro para o OUTRO.

6. Observe a reação do OUTRO verificando se ela é compatível com os seus objetivos.

7. Apresente o tema.

8. Avalie as manifestações de adesão do OUTRO de forma a definir se elas são compatíveis com os argumentos que você pretende introduzir.

E, a partir deste ponto, desenvolva o argumento, tendo sempre em mente a ética real, constituída entre as partes até agora e aquela que você está colaborando para constituir, além das seguintes questões:

a. Com o que o OUTRO está predisposto a concordar?

b. O que o OUTRO precisa ouvir/ver para concordar comigo?

c. O que o OUTRO não deve ouvir/ver para não se sentir enganado ou manipulado?

CAPÍTULO 5

Argumentação

> *Querer convencer alguém implica sempre certa modéstia*
> *da parte de quem argumenta, o que ele diz não constitui*
> *uma "palavra do Evangelho", ele não dispõe dessa autoridade*
> *que faz com que o que diz seja indiscutível e obtém*
> *imediatamente a convicção.*
> *Ele admite que deve persuadir,*
> *pensar nos argumentos que podem influenciar seu interlocutor,*
> *interessar-se por seu estado de espírito.*
>
> **Chaïm Perelman**
> **Lucie Olbrechts-Tyteca**
>
> (In *Tratado da Argumentação*,
> Martins Fontes, 2002, p.18)

Argumentos são pratos que UM prepara para agradar ao paladar do OUTRO.

Tratados geralmente com a formalidade que o assunto requer pela retórica, normalmente são vistos como tema para eruditos quando, na verdade, são utilizados freqüentemente pelas pessoas em geral, para defender seus pontos de vista. Algumas formas de construção mais complexas e refinadas são, é claro, de uso mais restrito. No entanto, para facilitar a sua identificação durante o cotidiano do negociador, seus diferentes tipos são ilustrados adiante, com exemplos tirados de matérias de jornais, trechos de livros, poemas e letras de música popular brasileira.

É claro que, como todas as classificações, algumas dessa parte podem ser contestadas pelos eruditos, mas o objetivo é deixar claras as principais alternativas disponíveis ao negociador. Destaque-se, ainda, que os textos contêm argumentos, mas não se restringem a eles.

Considerações Iniciais

A argumentação é o aspecto da negociação que mais se aproxima da arte.

Da mesma forma que é possível alguém aprender as técnicas ligadas ao uso das tintas, às proporções das formas, às combinações das cores e à constituição das telas e jamais produzir um quadro que seja considerado uma obra de arte, é possível alguém assimilar as técnicas próprias da argumentação e jamais convencer nem persuadir pessoas para, juntos, compartilharem interesses e realizarem ações que impliquem resultados significativos no âmbito empresarial.

As competências referem-se ao domínio das técnicas. Convencer/persuadir referem-se a resultados. Isso significa que a competência é necessária, mas não é suficiente para gerar transformações expressivas.

Argumentar é utilizar-se das palavras, dos gestos, dos dados e de uma linguagem comum a ambos, com o objetivo de conquistar a adesão do OUTRO para realizar uma determinada tarefa visando o cumprimento de uma missão que faz sentido para os envolvidos.

Missão impossível é convencer/persuadir alguém desconhecido a realizar uma tarefa que não faz sentido sequer para aquele que foi designado para abordá-lo. Se o negociador não foi convencido/persuadido a realizar uma rodada de negociação, se não conhece a pessoa com quem precisa negociar, se não se identifica com

Argumentação

a tarefa e com a missão, ele poderá até comparecer às reuniões e realizar uma série de comportamentos de maneira impecável, do ponto de vista técnico, mas não conseguirá desenvolver argumentação capaz de conquistar a adesão do OUTRO. Quem não coloca a alma na sua argumentação não é capaz de falar à alma do OUTRO.

Se o negociador não participou da etapa de planejamento, durante a qual se definiu que uma determinada pessoa ligada a uma entidade seria abordada com a finalidade de compartilhar interesses de uma forma afinada, dificilmente será eficaz, uma vez que ele não conhece a entidade, a pessoa, seus valores e opinião; e não tem a menor condição de saber se os seus próprios valores e opiniões (referentes ao tema da negociação) são compatíveis com os do OUTRO.

Imagine só se um negociador for designado a convencer/persuadir um católico fervoroso a participar com ele de uma passeata a favor do aborto. Pior: imagine se um católico fervoroso for designado para convencer/persuadir o seu vizinho (com quem ele nunca conversou) a participar com ele desta mesma passeata.

A argumentação se inicia pelo conhecimento do negociador a respeito de si próprio:

1. Quais são as minhas crenças e valores?
2. Quais são os interesses e posições com que eu me identifico e cuja identificação demonstro publicamente?
3. Com que opiniões relevantes para o tema desta negociação me alinho?
4. Quais são os meus repertórios de critérios, comportamentos e signos disponíveis para realizar esta tarefa?
5. Quais são os meus pontos fracos e como os meus pontos fortes podem contribuir para superar os primeiros?
6. O que me credencia a contatar o OUTRO para sugerir uma reunião?

Depois disso, tornam-se relevantes:

- Conhecimento da missão/tarefa;

- Conhecimento sobre a situação e sobre o OUTRO.

para poder projetar, elaborar e implementar a Abordagem e a Argumentação.

Abordagem

É o roteiro de ações a ser seguido pelo negociador profissional envolvendo:

- Pessoas a serem contatadas;
- Forma e seqüência destes contatos;
- Motivo a ser expresso para o contato.

Argumentação

É um roteiro lógico a ser seguido pelo negociador profissional a partir de suas constatações, elaborado em torno de:

• **Tese Inicial**
Idéia que conta com a adesão do OUTRO.
Opinião compartilhada pelo OUTRO a priori.

• **Tese Principal**
Proposta de ação que tem grande chance de ser aceita por alguém que concorda com a tese inicial e que permite o compartilhamento de interesses e, conseqüentemente, de ações se o debate for bem orientado.

Para atracar um navio ao porto, é necessário lançar suas amarras normalmente constituídas de cordas grossas. Dificilmente alguém se disporia a ficar no cais aguardando que lhe atirassem as amarras para ele agarrá-las e prendê-las, pois estas são muito pesadas. Por isso, se lança uma corda mais fina e leve (chamada "retenida") que, presa às amarras, pode ser puxada com menor risco de acidente.

A "retenida" é a tese inicial. As amarras são a tese principal. Juntas elas compõem uma resposta ao problema prioritário que impulsionou a empresa na direção de uma solução negociada.

Argumentação

O negociador profissional lança a tese inicial que ele sabe que é aceita pelo OUTRO ou tem grande chance de ser aceita por este para que juntos componham a tese principal.

Mais adiante, formas alternativas de ligação entre essas teses serão apresentadas. Uma forma, no entanto, deve ser evitada sempre. Trata-se da ligação em "L".

Os motoristas especializados em conduzir carretas costumam dizer que a pior manobra que podem fazer é "dar um L". Isto significa mudar de rumo em tal velocidade que a cabina (ou "cavalo") vai para a esquerda (por exemplo) e a carreta continua em frente, ou seja, segue mediante inércia, na direção original.

Em relação à argumentação, significa desenvolver uma tese inicial numa direção e apresentar uma tese principal que se orienta para uma outra direção. Ou seja, é o maior desperdício de energia organizacional, uma vez que a atenção do OUTRO foi despertada para uma direção enquanto a forma mais concreta de solução do problema é apresentada em outra direção.

Mas antes de tratar de aspectos específicos de forma e conteúdo, é importante lembrar que o conteúdo da argumentação se baseia em aspectos que podem ser organizados em dois conjuntos: pressupostos e postos.

Pressupostos

Aquilo tudo que o negociador acredita que é compartilhado pelo OUTRO, ou seja, opiniões com as quais o OUTRO comunga.

Postos

Aquilo tudo que o negociador constata que o OUTRO admite ser válido para ele de uma forma clara e direta.

Com base nisso, postula-se que:

Quanto mais o conteúdo de uma argumentação se basear em pressupostos, menor chance ela tem de conquistar a adesão do OUTRO.

Quanto mais o conteúdo de uma argumentação se basear em postos, maior chance ela tem de conquistar a adesão do OUTRO.

Porque aquilo que um negociador considera como um fato, mas não é validado pelo OUTRO, tem pouca chance de ter valor na composição dos argumentos.

É essencial ter sempre em mente que a argumentação **não é uma demonstração de uma lei da natureza, a qual se baseia unicamente em fatos.**

A validade da argumentação está restrita às dimensões de tempo, espaço, situação e pessoas envolvidas na negociação e se baseia não só em fatos, mas principalmente em opiniões e presunções.

Para completar essas considerações iniciais, é relevante mencionar que as questões referentes à argumentação vêm sendo debatidas há vários séculos, e portanto, há muito o que se aprender nesta área.

Caracterização do OUTRO

O OUTRO é o negociador que se pretende convencer/persuadir a atuar de forma coerente com interesses tornados comuns entre as partes.

Uma vez que o OUTRO é o alvo da argumentação, é essencial que sua imagem seja a mais nítida possível; caso contrário, as teses terão pouca chance de conquistar sua atenção + adesão. O OUTRO é uma pessoa digna de consideração e preocupação e se, por algum motivo, ele não for visto como alguém com quem se pretende ter uma relação de respeito mesmo quando seu poder é restrito, então as chances de se chegar, por meio da negociação, a interesses comuns, são remotas. Ele pode até se submeter a alguma determinação em conseqüência de fatores diversos, mas se estas não fizerem sentido para ele, sempre procurará por melhores alternativas.

Argumentação

É importante ressaltar que uma argumentação somente será convincente/persuasiva quando tanto UM quanto o OUTRO puderem defendê-la diante de seus representados e, em alguns casos, diante do público. O que implica que os argumentos sejam elaborados de tal forma que não desprezem as opiniões do OUTRO nem se submetam a todas elas de um lado, evitando também a simples concordância que se demonstra inviável no momento de se transformar em ação, por outro lado, uma vez que estas ações podem prejudicar a base da confiança existente entre as partes.

Nas teorias que tratam da argumentação, geralmente o OUTRO é designado pelo termo "auditório" e a dificuldade para se argumentar diante de um determinado auditório depende da combinação dos seguintes fatores:

Homogeneidade — Heterogeneidade

Quanto mais heterogêneo for um auditório, maior dificuldade existe para argumentar com este.

Conhecimento real — Conhecimento presumido

Quanto mais presumido for o conhecimento do negociador a respeito das características do auditório, maior dificuldade existe para argumentar com este.

De tal forma que o grau de dificuldade pode ser assim representado:

Combinação de Fatores		Grau de Dificuldade
Conhecimento Presumido	Heterogeneidade	4
Conhecimento Presumido	Homogeneidade	3
Conhecimento Real	Heterogeneidade	2
Conhecimento Real	Homogeneidade	1

O que significa que o OUTRO geralmente é plural, é o "conjunto daqueles que o orador quer influenciar com sua argumentação"[30], assim é aconselhável organizar da maneira mais clara possível a diferença de condicionamento do auditório entre o momento imediatamente anterior à apresentação da argumentação e o momento posterior a esta, tendo em mente que o "prato" deve ser preparado para agradar ao paladar dos convidados (do OUTRO ou do auditório) e não ao paladar do cozinheiro.

A orquestração de dois processos:

- pesquisa de dados a respeito do OUTRO, de sua empresa e de seus representados e;
- cultivo de relacionamento saudável com o OUTRO, permite que se reúna conhecimento relevante a seu respeito para o planejamento empresarial, para a negociação e essencial para a argumentação.

Os dados selecionados como relevantes a respeito do OUTRO podem ser organizados em torno dos seguintes tópicos: hábitos, classe social, nível educacional, vínculos institucionais, funções sociais, certezas, além das convicções e posições que constituem seus valores. No entanto, para o encontro entre dois representantes de diferentes empresas, sugere-se que os seguintes itens não sejam desprezados a respeito do:

Destinatário Principal	Emissor Principal
Prestígio	Prestígio
Opiniões	Dados Válidos
Caráter	Objetivo
Representatividade	Apoio para correr riscos
Competências	Competências

---

[30] *Tratado da Argumentação*, de Chaïm Perelman e Lucie Olbrechts-Tyteca, Martins Fontes, 2002, p. 22.

Argumentação

A construção da argumentação

> *Era uma vez um czar naturalista que caçava homens.*
> *Quando lhe disseram que também se caçam borboletas e andorinhas,*
> *Ficou muito espantado*
> *E achou uma barbaridade.*
>
> Anedota Búlgara
> Carlos Drummond de Andrade

A argumentação, núcleo da negociação, é constituída por signos e símbolos que se referem a fatos, verdades e presunções[31].

Os argumentos se organizam e se apresentam de forma a se sustentarem na verossimilhança que desperta na mente das pessoas envolvidas, não na verdade, observe a seguinte história:

> *Dizem que, certa vez, um holandês em visita ao Rei do Sião lhe contou que em seu país a água dos lagos ficava tão dura no inverno que um elefante podia andar sobre esta sem que ela se quebrasse.*

Apesar de ser um fato que pode ser constatado por todos que se dispõem a ir à Holanda, por ser inverossímil para o Rei do Sião, serviu para desqualificar seu interlocutor.

Assim sendo, a forma e o conteúdo da argumentação devem constituir a base para a verossimilhança e reforçá-la permanentemente, uma vez que se um negociador deixar de fazê-lo, deixará espaço para que outras argumentações se apresentem como verossímeis e conquistem corações e mentes. O meio para se fazer isso é constituído de escolhas quanto a:

- **Conteúdo;**
- **Signos e Símbolos;**
- **Ordem de Apresentação;**
- **Ligações entre Signos e Símbolos;**
- **Volume de Apresentações.**

---

[31] Presunção é opinião ou juízo baseado nas aparências. Suposição. Suspeita. Se aplica a proposições, notadamente a conclusões indutivas. Não é uma quantidade mensurável.

Com relação ao último tópico, dizem que um argumento (mesmo inconsistente), quando repetido inúmeras vezes e por diferentes interlocutores, pode ser aceito como válido. Exemplo: "No Brasil, a manutenção de juros altos é um meio para evitar o crescimento da inflação."

Note-se que as escolhas realizadas por UM abrem as portas do precedente para o OUTRO, isto é, os critérios utilizados por um negociador em um determinado momento legitimam seu uso, de tal forma que ele próprio não pode contestar o uso que o OUTRO fez deste critério.

Conteúdo

As possibilidades de argumentação dependem do que cada um está disposto a conceder, dos valores que reconhece, das presunções sobre as quais expressa um acordo.

O conteúdo de uma argumentação pode ser identificado como:
argumentação *ad rem*
aquela que o orador pretende válida para toda a humanidade racional; ou, como
argumentação *ad hominem*
baseada na opinião sustentada por um grupo em particular.

O orador que acredita dispor de "títulos de propriedade da verdade universal" comete um engano que pode não só conduzi-lo a "pecadinhos" como elogiar a si próprio ou auto-intitular-se como aquele orientado pelos valores mais elevados da humanidade.

Pode conduzi-lo a não perceber algumas diferenças básicas:

Senso comum x Acordos

O senso comum consiste numa série de crenças admitidas numa determinada sociedade, as quais seus membros presumem ser partilhadas por todo ser racional.

Os acordos são constituídos pelo "corpus" de uma ciência ou técnica e são próprios dos partidários de uma disciplina particular, parecendo herméticos para os não-iniciados.

Argumentação

Premissas x Adesão

As premissas de uma argumentação são proposições admitidas pelos ouvintes.

A adesão expressa pelos interlocutores às teses iniciais não representa garantia de estabilidade.

Assim, apesar de se enfatizarem aspectos ligados à forma, é necessário manter permanente atenção ao seu conteúdo, pois é da integração entre forma e conteúdo que se constrói o sentido da argumentação.

Signos e Símbolos

Tanto os signos como os símbolos se sustentam na convenção que liga uma determinada idéia (significado) a um determinado suporte sonoro ou sinal (significante). Esta convenção estabelecida pelos seres humanos serve para a comunicação e permite que uma pessoa use, por exemplo, a palavra "caderno" (uma seqüência de sons) e isso seja capaz de despertar na mente do ouvinte uma idéia semelhante à do falante ao pronunciá-la. Os princípios que regem as escolhas dos negociadores em relação ao uso de signos e símbolos enquanto o objetivo deles for criar e manter interesses comuns são:

Relevância

Nenhum signo ou símbolo deve ser introduzido na argumentação se não tiver uma contribuição real ou potencial a dar no sentido de guiar a mente do OUTRO na direção dos interesses comuns.

Coerência

Um signo ou símbolo utilizado com um determinado significado, num determinado momento, deve ser utilizado com o mesmo significado nos momentos seguintes, enquanto os negociadores não deliberarem um novo significado.

Se a imagem do leão é invocada enquanto símbolo de "coragem", não é aconselhável que seja tomado como símbolo de "força", a não ser que ambas as partes assumam este outro significado como válido. Ao tentar a combinação entre um significante e vários significados durante uma negociação, o máximo que se alcança é confusão.

Quanto menos um negociador fala, melhor controle ele pode exercer sobre a relevância e a coerência de seu discurso. Há quem acredite que, quanto mais um negociador ocupa o tempo dedicado a uma rodada de negociação, maior domínio ele exerce sobre o gerenciamento da reunião. Isso reflete a opinião de quem acredita que argumentar equivale a "fazer a cabeça".

Numa outra concepção, é possível entender que quem fala mais, fornece mais subsídios ao OUTRO ou está mais ansioso que este. A questão principal é a qualidade e não a quantidade da contribuição de cada um. Da mesma forma que uma pergunta bem empregada pode viabilizar a formulação de interesses comuns de maneira muito mais eficaz do que várias afirmações.

Quem tem noção da batalha não fala muito e desconfia do brilho
Não é daqueles que acham que antigamente é que era bom
Que ficam só ameaçando e vivem se escondendo
E atrasando o tempo e esquecendo as pedras
E disfarçando o medo e apertando o nó.
Quem tem noção da batalha perdoa a falha e percebe a centelha
Não se atém ao detalhe de que o fogo ainda não pegou
Dar valor àquele que tentou
Dar mais calor à luta
Sem se afastar da roda
Sem lamentar as perdas
E que encarou o medo
Pra desatar o nó.

Noção da Batalha
Carlinhos Vergueiro

Argumentação

Ordem de apresentação

Dizem que devemos escolher a localização de nosso carro num comboio com base nas características da estrada.

Numa estrada poeirenta, a melhor posição é a de vanguarda. (Só os outros comem poeira.)

Numa estrada barrenta, a melhor posição é a de retaguarda. (Os outros têm maior chance de ficar atolados.)

Numa estrada cheia de porteiras, a melhor posição é fora da vanguarda e da retaguarda. (Só os outros vão precisar abrir e fechar porteiras.)

Então, se o negociador já conhece plenamente a "estrada" que irá percorrer, fica fácil escolher a ordem de apresentação de seus argumentos. Uma vez que isto é impossível quando se trata de algo relevante, sugere-se que os argumentos sejam pesados, classificados como preparatórios e principais e ordenados do mais forte para o mais fraco. Convém, ainda, avaliar se os argumentos mais fracos devem ser mantidos ou eliminados, caso representem risco de desqualificar parcialmente a argumentação; e identificar se há algo de extraordinário ou de chocante entre os argumentos. Finalmente, com base no clima da rodada, escolher uma das seguintes alternativas:

a. Reservar os argumentos preparatórios para o início e o argumento principal para o final;

b. Aplicar uma seqüência do mais forte para o menos forte;

c. Aplicar uma seqüência do menos forte para o mais forte;

d. Dispor uma parte dos argumentos mais fortes no início e a outra parte destes, no fim.

Um dos fatores que devem ser levados em consideração para escolher a ordem é a postura adotada pelo OUTRO. Se ele, apesar de a atuação do primeiro negociador ter sido orientada para o consenso, tem se posicionado como "adversário", é muito provável que requeira uma chacoalhada para notar o ridículo de sua postura.

Neste caso, os argumentos mais fortes para desqualificar sua postura devem ser posicionados no final do discurso quando se apresentarem na forma de acusação e, no início do discurso, quando assumirem a forma de réplica.

É bom lembrar que os faróis estão para o motorista assim como a argumentação está para o negociador.

Tradução: Os faróis iluminam o caminho por onde o motorista conduz seu veículo, ao mesmo tempo que indicam aos outros a presença do veículo e a sua direção. Enquanto os argumentos apresentados pelo negociador identificam a um só tempo seus próprios valores bem como as suas intenções.

Desta forma, a postura de manipulador se revela aos olhos atentos, experientes e treinados como matéria-prima para a manipulação, transformando o veneno do OUTRO no seu próprio alimento para propiciar-lhe oportunidade de superar seu atual estágio de maturidade. Portanto, sempre é bom lembrar que a argumentação de que se trata nesta obra tem um compromisso com convencer/persuadir de uma forma profissional e conseqüente, nunca de uma forma ingênua e crédula.

Assim, da mesma maneira como o OUTRO pode aderir às teses apresentadas por UM ou não, ao perceber o caráter unilateral da escolha das premissas ou ao ficar contrariado com o caráter tendencioso destas, tem também o direito de demonstrar sua não-adesão à sua postura, uma vez que esta interfere na composição de acordos entre as partes, tanto com relação aos pontos de partida e ao desenvolvimento das argumentações (conteúdos das premissas [= verdades não controversas], ligações particulares e forma de servir-se dessas ligações) até a formalização de compromissos, em função da alternativa validada por ambos como sendo mais interessante para as partes envolvidas do que as outras alternativas identificadas e avaliadas.

A argumentação não leva à certeza absoluta com relação aos meios e aos resultados. Ela permite que se caracterizem os meios preferidos (em detrimento de outros) com potencial para alcançar

Argumentação

determinadas faixas de resultados. Lembre-se: O negociador está sujeito a críticas. Alguém da sua empresa sempre pode dizer que teria alcançado melhores resultados se estivesse no seu lugar. Portanto, se possível, negocie com os críticos em potencial, com antecedência.

Assim sendo, os seguintes fatores se entrelaçam servindo de base para a tomada de decisão do negociador:

- **Imagem da relação entre negociadores e empresas;**
- **Ligações entre argumentos;**
- **Consistência dos argumentos;**
- **Ordem de apresentação dos argumentos.**

Ligações entre Signos e Símbolos

Negociar equivale a tricotar com teia de aranha para confeccionar peças de roupa sob medida para as partes envolvidas, uma vez que uma argumentação não é uma demonstração científica e suas premissas e as ligações entre elas só se sustentam após terem sido enunciadas (postas) e não serem contestadas pelos outros envolvidos ou após superarem as contestações pela apresentação de argumentos considerados válidos.

As **contestações** podem se apresentar na forma de acusação específica ou genérica. A acusação específica destaca uma falha precisa com relação à relevância ou coerência; enquanto a acusação genérica pode até se basear num julgamento com relação ao OUTRO: "Só um tolo para acreditar que você iria apresentar uma proposta tão boa para nós! Eu sei que você é esperto, mas é melhor ir abrindo o jogo e dizer o que você está ganhando com isto."

Para prevenir acusações ou para superar contestações que as primeiras representam, é preciso avaliar as ligações entre os argumentos, levando em conta o ponto de vista do OUTRO, pois estas denunciam suas percepções dos riscos de prejuízo e desvantagem.

Como já foi dito, uma argumentação não é uma demonstração cujo caráter científico permite que seu conteúdo seja avaliado com o rigor de um método deste gênero, antes de ser apresentada ao público, permitindo que qualquer **absurdo** possa ser identificado (absurdo este que desqualifica a demonstração) e eliminado.

A argumentação, por sua vez, se baseia na presunção. Desta forma, o que a desqualifica é o **ridículo** porque ela soa excêntrica aos ouvidos do OUTRO, sem, no entanto, representar ameaça grave. Mas o efeito mais danoso da exposição ao ridículo não está na desqualificação da argumentação, está no risco de desqualificação do negociador, uma vez que a identificação entre o autor e sua obra é total.

É importante, então, ter sempre em mente que um argumento (raciocínio pelo qual se tira uma conseqüência) não se sustenta em si próprio, dependendo de suas ligações com outros argumentos, com uma proposta de ação que é elaborada pelas partes envolvidas, mas que é esboçada ou vislumbrada enquanto se elaboram seus argumentos.

Estas ligações são construções geradas pelo negociador que preenchem o espaço entre diferentes argumentos; e entre as teses de adesão inicial e a tese principal com o objetivo de convencer/persuadir. Para construí-las, é possível se servir de dois tipos de "materiais".

Argumentos quase lógicos

Aproximam-se da demonstração científica porque se servem de esquemas formais de construção, mas se distanciam desta ao atuarem na simplificação (redução) que se abriga em sistemas isolados e circunscritos a um determinado grupo de pessoas localizados num tempo e espaço específicos.

Argumentos fundamentados na estrutura do real

Baseiam-se em opiniões relativas aos fatos, a uma parte específica do passado, conforme percepção dos envolvidos.

Argumentação

Vejamos, então, algumas das formas como estas ligações podem ser construídas. Não trataremos de todas, somente das mais usadas.

Argumentos

Se argumentos fossem algo reservado somente para a relação entre eruditos, eles não estariam presentes na música popular brasileira.

Argumento

Sei que este argumento é muito pobre
Mas sabendo quanto és nobre
Sei que podes perdoar
Sei que este farrapo de desculpa
Não redime minha culpa
Mas, enfim, eu vou tentar.

Sei que fui ousado no meu gesto
Não ouvindo teu protesto
Para ouvir meu coração
Sei que uma desculpa não redime
Meu pecado quase crime
De um beijo sem permissão.

Mas se fui pecador, condeno a lua
Que abandonou a rua
E fugiu com o luar
Pois ela adivinhando meu desejo
Provocou aquele beijo
E, assim, me fez pecar.

Se impetuoso fui, tem compaixão
E, em nome do amor, suplico o teu perdão.
Perdoa, meu amor, este pecado
Sublime impulso de te haver beijado.

Adelino Moreira

Argumento

Tá legal!
Tá legal, eu aceito o argumento,
Mas não me altere o samba tanto assim,
Olha que a rapaziada está sentindo a falta
De um cavaco, de um pandeiro e de um tamborim.

Tá legal!
Sem preconceito, sem mania de passado,
Sem querer ficar do lado de quem não quer navegar,
Faça como o velho marinheiro
Que, durante o nevoeiro, leva o barco devagar.

Paulinho da Viola

Argumentos quase lógicos

Compatibilidade

Esta ligação é situacional e pode se dar por inclusão ou exclusão. Assim, ao se compararem dois objetos ou dois conjuntos de objetos, é possível afirmar que entre eles há compatibilidade ou incompatibilidade. Assim:

Objeto	Características		Ligação
Caminhão	Leve	Rápido	Compatibilidade
	Pesado	Rápido	Incompatibilidade

Exemplos:

Fim de Caso

Eu desconfio que o nosso caso está na hora de acabar,
Há um adeus em cada gesto em cada olhar,
Mas nós não temos é coragem de falar.
Nós já tivemos a nossa fase de carinho apaixonado
De fazer versos de viver sempre abraçados
Naquela base de só vou se você for.
Mas, de repente, fomos ficando cada dia mais sozinhos,
Embora juntos cada qual tem seu caminho
E já não temos nem vontade de brigar.

Argumentação

Tenho pensado — e Deus permita que eu esteja errado —
Mas eu estou, estou desconfiado
Que o nosso caso está na hora de acabar.

Dolores Duran

Não vai pegar bem

Havia uma lógica perfeitamente racional por trás do muro de Berlim. Seus idealizadores tinham motivos defensáveis para construir uma barreira que impedisse a população inteira de Berlim Oriental – na qual, afinal, o governo comunista investira tanto em educação e saúde – de passar para Berlim Ocidental, onde se instalara uma vitrine fulgurante e irresistível das delícias do capitalismo. Pode-se imaginar o desprezo com que seria recebida, entre os burocratas do leste, a observação de que os benefícios pragmáticos e a longo prazo do muro não compensariam o desgaste simbólico que ele traria, que a má impressão derrotaria qualquer justificativa – enfim, que o muro não pegaria bem. Na discussão entre as várias correntes, se é que houve alguma, a frase "os fins justificam os meios" deve ter sido muito repetida para defender o muro, e ninguém se lembrou de mandar buscar a proverbial criança de três anos de Groucho Marx para enxergar o que os adultos não enxergavam. O muro foi, pior do que um crime, um erro. Um desastre de relações públicas. E o que parecia ser o seu efeito mais abstrato, e portanto desprezível, foi o que valeu, no fim. Não por acaso, a queda do muro de Berlim simbolizou o desmoronamento da opção comunista. O que foi erguido como uma imposição do real caiu como símbolo, e o símbolo levou o real junto.

Não sei, enquanto escrevo, que destino o PT ("Partido dos Trabalhadores") dará a seus rebeldes. As razões para expulsá-los são perfeitamente racionais, união por propósitos finais mesmo ao custo de alguma resignação passageira e outros benefícios pragmáticos a longo prazo. Mas que vai pegar mal, vai. No plano simbólico – aquele que não tem nada a ver com duras decisões políticas, mas costuma prevalecer sobre a realidade até derrubar impérios, ou pelo *menos a empáfia de quem o desdenha – o que vai ficar é que um dia o PT baniu os seus mais combativos e coerentes. Não os quis nem como excêntricos nem como amáveis lembranças do que foi um dia, nem sequer como práticos antídotos caseiros para o perigo de se pessedebizar demais e esquecer o que foi fazer em Brasília.*

Não sei o que aconteceu na reunião do PT, mas espero que a criança de três anos tenha chagado a tempo.

Luiz Fernando Veríssimo
Correio Popular, 14/12/2003

Da mesma forma, é possível estabelecer comparação entre:

- Argumentos usados pelo mesmo negociador em momentos diferentes; e
- Argumentos usados por diferentes negociadores que representam uma mesma instituição.

Motivo por que as relações entre negociadores que ultrapassam as dimensões de curto prazo demandam atenção redobrada.

A partir tanto da compatibilidade como da incompatibilidade é possível buscar o convencimento/persuasão num determinado sentido, representado por uma das seguintes atitudes:

Lógica   Voltada para a prevenção de determinados problemas.

Prática   Voltada para a correção de determinados problemas.

Diplomática Voltada para geração de subterfúgios, para dar a impressão de que se está "fazendo alguma coisa".

Certa vez, um profissional apresentou um Plano de R.H. à diretoria da empresa onde trabalhava e se posicionou da seguinte forma: "A Diretoria pode optar por realizar o programa de treinamento por inteiro ou por não realizá-lo. Qualquer outra alternativa não permitirá que a relação custo-benefício pretendida seja alcançada".

Argumentação

O Rei está nu

Um rei encomendou ao seu alfaiate uma roupa tão leve que ele não sentisse o contato dela com a sua pele.

Uma vez que é impossível alguém vestir algo e não sentir o seu contato com a pele (a não ser que tenha problema de tato), o alfaiate ficou num dilema: não sabia se dizia isso ao seu rei ou se ficava calado, pois o rei poderia interpretar a sua colocação como uma declaração da sua própria incompetência, o que poderia concorrer para o Rei mandar substituí-lo. (Ou, quem sabe, até decapitá-lo!)

Conversando com os assessores do Rei, no entanto, descobriu que havia uma alternativa. Bastava fazer de conta que estava lhe entregando a encomenda quando na verdade não estaria entregando nada. Desta forma, ao vestir "nada" o Rei não sentiria qualquer contato com seu corpo. Tudo funcionaria se os assessores, criados e as pessoas da corte elogiassem a "nova roupa" do Rei.

E funcionou. Logo se via um Rei pelado andando pelo palácio e recebendo rasgados elogios que tornavam seu ego cada vez mais inflamado.

Um dia, no entanto, o Rei resolveu apresentar sua maravilhosa indumentária "feita de nada" para todos os seus súditos a fim de angariar ainda mais elogios.

Seus assessores providenciaram a devida preparação, dizendo aos súditos do reino o que estes deveriam ver e dizer.

No dia combinado, sai o Rei em desfile por seu reino completamente pelado.

Ao passar por uma estrada, no entanto, ouviu uma criança (que não havia comparecido às reuniões preparatórias) dizer: "O Rei está nu".

Isto gerou comoção em toda a comitiva real. A criança logo foi recolhida e calada pelos pais. E o Rei percebeu quão tolo ele tinha sido, criando uma armadilha pela qual ele próprio foi capturado, por não atentar para a compatibilidade.

Ridículo

Ligação que se processa pelo conflito entre um argumento e uma opinião já aceita, a partir do seguinte:

Passo 1

Apresentar uma tese (oposta àquela que se pretende defender) como supostamente verdadeira.

Passo 2

Apresentar as conseqüências contraditórias de forma a demonstrar que a tese não é aceitável.

Passo 3

Apresentar a tese que se pretende defender.

A sua base é a ironia (que consiste em se dizer o contrário daquilo que se está pensando ou sentindo com intenção depreciativa e sarcástica em relação a outra pessoa), o que, portanto, requer que o negociador disponha de **prestígio** não só diante de seu destinatário principal como de outros que compõem o auditório; caso contrário, ele corre o risco de ser até interrompido ou desqualificado, uma vez que, para a ironia ser eficaz, o emissor depende de referenciais ampliados dos seus interlocutores, ou seja, estes precisam não só conhecer as posições do negociador como a situação histórica dos eventos a que ele se refere.

Assim sendo, o ridículo se presta também como meio para desqualificar a argumentação do OUTRO; e, por extensão, desqualificar o OUTRO.

Resta saber como se dimensionar o prestígio necessário e suficiente para utilizar este tipo de ligação.

Argumentação

Exemplos:

Maria Candelária

Maria Candelária é alta funcionária,
Saltou de páraquedas, caiu na letra "O",
Começa ao meio-dia, coitada da Maria,
Trabalha, trabalha, trabalha de fazer dó.
A uma vai ao dentista,
Às duas vai ao café,
Às três vai à modista,
Às quatro assina o ponto e dá no pé.
Que grande vigarista que ela é!

                               Armando Cavalcanti e Klécius Caldas

O novo homem num boteco do Leblon

[Neste há uma seqüência completa de convencimento/persuasão]

– Tu tá com a cara diferente hoje, parece até que fez plástica.

– Como é que ia fazer plástica sem me internar? Tu acha operação plástica besteira, é só chegar no médico, tomar uma anestesiasinha local, tirar uma ruga aqui e ali e pronto. Mas não tem nada disso, plástica não é simples.

– É, mas tu tá diferente, tem alguma coisa diferente na tua cara.

– Pode ser, mas não tem nada com plástica. Não fiz plástica nenhuma.

– Então tu fez botox ou botou silicone. Tou estranhando, cara, tu tá diferente. Eu te conheço de perto, não se esqueça que a gente freqüenta aqui quase desde o tempo do bonde.

– Bem, eu posso confiar em você, não posso?

– Tu tá careca de saber que pode. E eu tenho certeza de que você está escondendo alguma coisa. Tu tá com jeito de entendido em plástica, tu quis partir para uma plástica e aí o médico desaconselhou, não foi, não?

– Tá legal, tá legal. É, mas eu não fui consultar ele sobre plástica, foi só uma informaçãozinha que eu pedi, assim no meio da consulta.

– Ah, então tu fez mesmo consulta pra ver se operava! Tá querendo dar uma esticadinha, hem, tá querendo dar uma de artista de televisão, hem?

– Eu não fiz consulta pra ver se operava. E não foi com cirurgião plástico, foi com outro médico. Eu vou te confessar, mas fica aqui, entre nós, outra vez. Não que seja nada de mais, eu estou simplesmente atualizado, sou um homem sintonizado com minha época, nós estamos vivendo numa época diferente. Foi na minha limpeza de pele, a garota da limpeza me falou...

– Tua limpeza de pele? Tu tá limpando a pele, tá indo no salão de beleza? Cara, nunca pensei, tu num salão de beleza! Botou creme, amaciante ...

– Onde é que tu vive? Na África do Lula? Tu tá por fora, cara, tu não conhece o novo homem. O novo homem não tem mais essas frescuras machistas, agora o moderno é tratar da aparência, é o normal hoje em dia.

– Pode ser, tudo bem. Mas não foi só limpeza de pele, limpeza de pele somente não muda a cara assim.

– Não, não, era isso que eu ia te confessar. A garota da limpeza não me recomendou operação plástica. Agora, tu sacou, ela aconselhou botox e eu fiz botox, é uma boa, não ficou bem? Tu mesmo reconheceu.

– Ah, fez botox, então é isso, ah, agora entendi. Quer dizer que tu agora entrou para o MNH, Movimento do Novo Homem.

– Mais ou menos, mas sem exagero, é só pra ficar atualizado mesmo.

– Eu li também que faz parte do novo homem o bissexualismo, deu no jornal. Não venha me dizer... Tu tá nessa onda também, meu Deus do céu? Eu pensava que já tinha visto tudo na vida, mas tu...

Argumentação

— Me respeita, cara, dessa eu tou fora, não tem nada a ver uma coisa com a outra. Tu é preconceituoso, tu pertence ao passado.

— É, mas novo homem é novo homem, sei lá. O mundo é cheio de surpresas. Tu vai a salão de beleza, faz limpeza de pele, bota creme, aplica botox, etc. e tal ... Não tou maliciando nada, mas uma coisa vai levando a outra.

— Mas tudo tem limite, são opções, fico muito admirado com sua tacanhice, não tem nada a ver com esse negócio de bissexualismo, tou fora dessa, tu sabe muito bem.

— Tu também tá querendo botar silicone? Não, fala a verdade, tu vai botar silicone?

— E por que não? Me diz, por que não? Se me provarem que é uma boa, eu boto.

— É, tá legal, eu aceito, não vou discutir com um amigo por causa de silicone. Tudo bem, bota teu silicone em paz, cada um sabe de si.

— É isso mesmo. E tu também, se estivesse antenado, já tinha entrado nessa, pelo menos num aspecto. Tu sabe do teu apelido, não sabe?

— Não me chama de Urso Polar, que tu sabe que eu não gosto.

— Pois é, mas a verdade é que tu tem mais cabelo no corpo do que grama no Maracanã. E, agora que tá quase tudo branco, tu bem que podia pensar numa providência. Por que tu não faz depilação? Tá todo mundo entrando nessa. Dizem que dói um pouco, mas é uma boa, as meninas adoram!

— Tu tá de porre outra vez. Eu, me depilar?

— Pelo menos isso. Olha aqui, nós temos intimidade, eu posso lhe dizer isto. Tu tá muito despencado, não se justifica hoje.

— Bem, a verdade é que eu, para ser honesto, também acho. Mas depilação já é demais. Esse botox incomoda?

– De jeito nenhum, tu não sente nada, só a picadinha da agulha.

– É, despencado assim?

– Despencado, despencado, podes crer. Te compara comigo agora, sou só dois anos mais moço do que você e tou parecendo teu filho.

– Bem, numa coisa tu tá certo, tem mesmo que se atualizar. Me diz aí, nesse lugar do botox eles indicam também um lugar para depilação?

– Meu garoto! Indicam, sim, vai fundo, tu vai ver como vai te fazer bem. E é só a primeira fase, depois tem de fazer um trabalho psicológico também. Agora tem umas clínicas que despertam teu lado feminino, é uma boa, as mulheres também adoram. Tu vai lá, eles adotam uma técnica comportamental, é moderníssimo. Quer dizer, usar calcinha eu ainda não experimentei, mas o cara me provou como é importante, abre horizontes. Tu usa a calcinha lá e ... Mas depois eu te falo, tá se vendo que você é um novo homem em potencial e não sabia. Vamos fundo, vamos fundo! A calcinha e o sutiã vão ajudando você a perceber a sensibilidade feminina, depois a maquilagem discreta ... Tou te dizendo, agora que eu tou me sentindo homem mesmo, tu acredita?

João Ubaldo Ribeiro
Estadão, 16/11/2003

Este meio é comumente usado nas empresas, por aqueles que querem manter suas áreas de conforto, desqualificando as propostas de mudança para as formas de agir das equipes de trabalho.

Justiça

Ligação que se processa pela:
- Caracterização de traços de semelhança entre eventos que os incluem numa mesma categoria;
- Defesa da tese de coerência de conduta, prescrevendo tratamentos semelhantes para eventos semelhantes.

Argumentação

Em caso de uma situação concreta, a aplicação deste princípio demanda:

- Classificação prévia dos eventos; e
- Existência de precedentes quanto ao tipo de tratamento.

A contestação deste tipo de ligação se baseia na exposição de irrelevância dos traços de semelhança, na relevância dos traços de diferença, no grau de tolerância a ser aplicado nas medições e nas manifestações selecionadas para classificação.

Esquema

Se Fulano agiu da **forma 1** na **situação A** e recebeu o **tratamento X** no passado,

Beltrano que agiu da **forma 1** na **situação B** (que é semelhante a A) merece receber o mesmo **tratamento X**.

Exemplos:

Pimenta no Vatapá

Agora, meu Deus, o que faço agora?
Não era hora de me deixar.
Morena você foi embora
Ardeu e eu fiquei a chorar
Pimenta demais pro meu vatapá.
O meu coração parou
E até calou o meu sabiá,
Meu verso se apagou
Desacreditou do tal verbo "amar".
Agora você quer volta
E eu é que vou aplicar
Pimenta demais no seu vatapá.
(Vai arder pra danar!)

João Nogueira e Cláudio Jorge

A última tourada

Embora as corridas de touros sempre tenham tido detratores – entre eles meu admirado Azorín –, até agora elas nunca haviam corrido perigo de desaparecer. Isto mudou em nossa época graças à crescente sensibilidade que a cultura ocidental, marcada pelo ecologismo, desenvolveu diante de temas como a preservação da natureza e a necessidade de combater a crueldade de que os animais são vítimas, o anverso e o reverso de uma mesma moeda. A decisão do Conselho Municipal de Barcelona de declarar a cidade condal antitaurófila poderia ser o princípio do fim da festa. Recordemos que dormita há algum tempo no Parlamento Europeu um projeto de proibição das corridas na União Européia que, depois da iniciativa catalã, poderia ser ativado e, se posto em votação, certamente seria aprovado.

Por que, no recente debate suscitado por este assunto, nós que defendemos as corridas temos permanecido tão reticentes e tão parcos e praticamente deixado o terreno livre para os defensores da abolição? Por uma razão muito simples: porque ninguém que não seja um obtuso ou fanático pode negar que a festa dos touros, um espetáculo que às vezes alcança momentos de beleza e intensidade indescritíveis e tem por trás uma robusta tradição que se reflete em todas as manifestações da cultura hispânica, está impregnada de violência e crueldade. Isto cria em nós, aficionados, um mal-estar e uma consciência desgarrada entre o prazer e a ética, em sua versão contemporânea.

Pois bem, reconhecido o fato capital e inevitável de que a festa dos touros submete o chifrudo a uns minutos de tormento que precedem sua morte e para certas pessoas isto resulta inadmissível, todo debate sobre esse tema tem a obrigação de ser coerente, de transcorrer dentro do contexto mais geral em que se discute se toda violência exercida contra os animais deve ser evitada como imoral ou se só a taurina é condenável e outras, mais dissimuladas, mas inclusive muito mais multitudinárias e ferozes, devem ser toleradas como um mal menor. De tudo que li a respeito, só J. M. Coetzee me parece ter chegado às últimas conseqüências, por meio de seu alter ego,

Argumentação

Elizabeth Costello, para quem os matadouros de bois, cordeiros, porcos, etc. são equivalentes aos fornos crematórios nos quais os nazistas incineraram os judeus.

Portanto, nenhum ser vivente pode ser sacrificado sem que se cometa um crime. Pergunto-me quantos partidários das corridas estão dispostos a levar suas convicções até este extremo e aceitar um mundo onde os seres humanos viveriam confinados ao vegetarianismo (ou pior, ao frutarianismo) radical e intransigente de Elizabeth Costello.

Os inimigos da tauromaquia enganam-se acreditando que a festa dos touros é um puro exercício de maldade no qual umas massas irracionais lançam um ódio atávico contra a besta. Na verdade, por trás da festa há todo um culto amoroso e delicado no qual o touro é o rei.

O gado de lide existe porque existem as touradas, e não o contrário. Se estas desaparecerem, inevitavelmente desaparecerão com elas todos os rebanhos de touros bravos e estes, em vez de levar adiante a amena vida vegetativa deglutindo ervas nos pastos e espantando as moscas com o rabo, que os abolicionistas lhes desejam, passarão à simples inexistência. E atrevo-me a supor que, se lhes déssemos a escolha entre ser um touro de lide e não ser, seria muito possível que os esplêndidos quadrúpedes, emblemas da energia vital desde a civilização cretense, escolhessem ser o que são agora em vez de não ser nada.

Se os abolicionistas visitassem uma fazenda de lide, ficariam impressionados ao ver os infinitos cuidados, o desvelo e o desmedido esforço – para não falar do custo material – exigidos para criar um touro bravo, desde o ventre da mãe até a saída na praça, e ao ver a liberdade e os privilégios de que ele goza. Por isso, embora para alguns isso pareça paradoxal, só nos países taurófilos como Espanha, México, Colômbia e Portugal amam-se os touros com paixão. Por isso existem esses rebanhos que, com matizes que têm a ver com a tradição e os costumes locais, constituem toda uma cultura que criou e cultiva, com imensa dedicação e puro amor, uma *variedade de animais sem cuja existência uma parte muito significativa da obra de Garcia Lorca, Hemingway, Goya e Picasso – para citar só quatro da enorme estirpe de artistas de todos os gêneros para quem a festa foi fonte de inspiração de criações magistrais – ficaria bastante empobrecida.*

Em termos morais, a violência que pode derivar de razões estéticas e artísticas é mais grave que aquela que vem do prazer visceral? Pergunto depois de ler o impressionante artigo de Albert Boadella (ABC, 18/4/2004) acusando de fariseus aqueles que, horrorizados com as crueldades taurinas, pedem que as praças sejam fechadas mas não têm vergonha de se engasgar com saborosas butifarras catalãs. O que a elaboração, atualmente, desta exótica guloseima mediterrânea exige? Que 10 milhões de porcos vivam 'toda sua existência em apenas dois metros quadrados, enquanto tentam equilibrar constantemente suas patas sobre umas grades pelas quais fluem os excrementos. Seu único movimento possível reduz-se a inclinar ligeiramente a cabeça para comer ração, já que o transporte para o matadouro é efetuado em condições idênticas'.

Não só os porcos são brutalmente torturados para satisfazer o caprichoso paladar dos humanos. Praticamente não há animal comestível que, a fim de aumentar o apetite e o gozo do comensal, não seja submetido, sem que ninguém pareça se importar muito, a uma barroca diversidade de suplícios e atrocidades, desde o fígado artificialmente inchado das aves para produzir o sedoso patê até as lagostas e camarões lançados vivos na água fervente porque, ao que parece, o espasmo agônico final que experimentam ao torrar condimenta sua carne com um toque especial, e os caranguejos aos quais se amputa uma pata ao nascerem para que a outra se deforme e agigante, oferecendo assim mais alimento ao refinado degustador.

E o que dizer da caça e da pesca, esportes tão disseminados quanto prestigiados nos cinco continentes? É verdade que, nos países anglo-saxões, em especial na Inglaterra, há campanhas periódicas contra a caça à raposa, animal que é estripado por milhares a cada estação, assim que se suspende a proibição, pelo puro prazer

Argumentação

do caçador de matar a balas um animal cuja carne não será comida e com cuja pele ninguém vai se agasalhar. Mas também é certo que, se sua reprodução não fosse de algum modo contida dentro de certos limites, ela acabaria provocando verdadeiras catástrofes ecológicas.

[...]

Mal de muitos, consolo de bobos? Não estou tratando de demonstrar nada com estes exemplos, que podiam se ampliar até o infinito, mas sim dizendo que, se se trata de pôr um ponto final na violência que os seres humanos infligem ao mundo animal para alimentar-se, vestir-se, divertir-se, ideal perfeitamente legítimo e sem dúvida sadio e generoso, embora de tremendas conseqüências, deverá fazê-lo de forma definitiva e integral, sem exceções e de uma vez, abrindo mão ao mesmo tempo dos touros e dos jardins zoológicos, e certamente dos prazeres gastronômicos, especialmente os carnívoros, e das peles e todas as partes do vestuários e utensílios e objetos de couro, pele e pêlo, e até das campanhas de irradicação de determinadas espécies de insetos e animais selvagens (que culpa podem ter o anófele fêmea de transmitir a peste bubônica e o morcego, a raiva? Por acaso se exterminam os seres humanos portadores de aids, de sífilis ou do contagioso catarro?) de modo que o mundo alcance essa utópica perfeição na qual homens e animais gozarão dos mesmos direitos e privilégios. Embora, está claro, não dos mesmos deveres, pois nada fará um tigre faminto ou uma serpente mal-humorada entender que estão proibidos, pela moral e pelas leis, de comer um bípede ou fulminá-lo com uma picada.

[...[

As corridas de touros nos lembram, dentro do feitiço em que nos afundam as boas tardes, de como a existência é precária e, graças a sua frágil e fugaz natureza, pode ser incomparavelmente maravilhosa.

Mário Vargas Llosa
Estadão, 2/5/2004

Comparação

Este tipo de ligação é definido como "quase lógico" quando não se baseia em medição e se processa pela confrontação entre características de vários objetos.

Esquema

Um termo de referência escolhido é confrontado com uma série de elementos demonstrando que este se destaca em função de traços característicos positivos ou negativos, ou que este não se destaca.

Os seguintes aspectos podem ser considerados:

- Oposição [grande X pequeno]
- Ordenamento [x > y]
- Superlatividade:["o melhor" ou "o pior"]

Exemplos:

Copacabana

Existem praias tão lindas, cheias de luz.
Nenhuma tem o encanto que tu possuis.
Tuas areias, teu céu tão lindo, tuas sereias sempre sorrindo.
Copacabana, princesinha do mar, pelas manhãs tu és a vida a cantar
E, à tardinha, ao sol poente, deixas sempre uma saudade na gente.
Copacabana, o mar, eterno cantor, ao te beijar, ficou perdido de amor
E hoje vive a murmurar: Só a ti, Copacabana, eu hei de amar!

João de Barros e Alberto Ribeiro

Gosto que me Enrosco

Não se deve amar sem ser amado, é melhor morrer crucificado!
Deus nos livre das mulheres de hoje em dia,
Desprezam o homem só por causa da orgia!
Dizem que a mulher é a parte fraca ...

Argumentação

Nisto é que eu não posso acreditar.
Entre beijos e abraços e carinhos ...
O homem, não tendo, é bem capaz de matar.
Gosto que me enrosco de ouvir dizer que a parte mais fraca é a mulher,
Mas o homem, com toda a fortaleza, desce da nobreza e faz o que ela quer!

J. B. Silva (Sinhô)

Pesadelo

Quando um muro separa, uma ponte une.
Se a vingança encara, o remorso pune.
Você vem me agarra, alguém vem me solta.
Você vai na marra, ela um dia volta
E se a força é tua, ela um dia é nossa.
Olha o muro, olha a ponte,
Olha o dia de ontem chegando.
Que medo você tem de nós.
Olha aí.

Você corta um verso, eu escrevo outro.
Você me prende vivo, eu escapo morto.
De repente ... olha eu de novo
Perturbando a paz, exigindo o troco.
Vamos por aí, eu e meu cachorro.

Olha um verso, olha o outro,
Olha o velho, olha o moço chegando
Que medo você tem de nós.
Olha aí.

O muro caiu, olha a ponte
Da liberdade guardiã
O braço do Cristo horizonte
Abraça o dia de amanhã
Olha aí.

Maurício Tapajós e Paulo César Pinheiro

Talento e Formosura

Tu podes bem guardar os dons da formosura
que o tempo um dia há de implacável trucidar.
Tu podes bem viver ufana da ventura
que a natureza cegamente quis te dar.

Prossegue embora em flóreas sendas sempre ovante
De glórias cheia no teu sólio triunfante
Que antes que a morte vibre em ti funéreo golpe seu
A natureza irá roubando o que te deu.

E quanto a mim irei cantando o meu ideal de amor
Que é sempre novo no viçor da primavera
Na lira austera em que o Senhor me fez destro
Será meu estro só do que for imortal.

Terei mais glória em conquistar, com sentimento,
Pensantes almas de varões de alto saber
E com amor e com pujança de talento,

Fazer um bardo ternas lágrimas verter.
Isto é mais nobre, é mais sublime e edificante
Do que vencer um coração ignorante,
Porque a beleza é só matéria e nada mais traduz,
Mas o talento é só espírito é só luz.

Descantarei na minha lira as obras-primas do Criador,
O mago olor da flor desabrochando à luz do luar,
O incenso d'água que nos olhos faz a mágoa rutilar
Nuns olhos onde o Amor tem seu altar.

E o verde mar que se debruça n'alva areia a espumejar
E a noite que soluça e faz a lua soluçar
E a Estrela Dalva e a Estrela Vésper languescente
Bastam somente para os bardos inspirar.

Mas quando a morte conduzir-te à sepultura
O teu supremo orgulho em pó reduzirá,

Argumentação

E, após a morte profanar-te a formosura,
Dos teus encantos mais ninguém se lembrará.

Mas quando Deus fechar meus olhos sonhadores,
Serei lembrado pelos bardos trovadores
Que os versos meus hão de na lira em magos tons gemer,
Eu morto embora, nas canções, hei de viver.

Catulo da Paixão Cearense

Sacrifício

O sacrifício se apresenta enquanto ligação entre o UM e sua tese principal. Desta forma, o negociador assume a posição de um argumento.

Esquema

Se expressa através da seguinte estrutura:

Eu estou disposto a me sujeitar às condições X
(ou às perdas Y)
para obter o benefício Z.

Na qual o negociador expõe seus valores, na expectativa de que estes sejam semelhantes aos do OUTRO e que, em função disto, consiga mobilizá-lo na direção de sua tese.

Base

O apelo desta forma de argumentação está na consideração que o OUTRO tem pelo emissor. Se o negociador é um ilustre desconhecido ou se, apesar de conhecido, a percepção que o OUTRO tem dele é de um ser diferente ou de uma pessoa que não é digna de apreço e consideração, esta alternativa tem pouca chance de ser um apelo eficaz.

Uma história de sucesso deste tipo de argumentação aconteceu há muito tempo e é contada até hoje, quando o Rei, diante de duas mulheres que reivindicavam a maternidade de uma criança, sugeriu que esta fosse cortada ao meio e uma parte fosse entregue para cada uma das pretensas mães; viu uma das mulheres abrir mão da sua reivindicação para manter a criança viva. Com isso, ele concluiu que esta era a mãe verdadeira, pois só quem vivencia este papel é capaz de um sacrifício desses.

Talvez para evitar esta alternativa, alguns profissionais se embruteçam, endureçam seus corações e vejam o OUTRO como inimigo. Assim, não precisam se desgastar junto aos seus representados. A contrapartida é que não podem se servir desta ligação, pois esta alternativa se tornou incompatível com o seu relacionamento.

Exemplo:

Sete Anos...

*Sete anos de pastor Jacob servia
Labão, pai de Raquel, serrana bela;
mas não servia ao pai, servia a ela,
e a ela só por prêmio pretendia.*

*Os dias, na esperança de um só dia,
passava, contentando-se com vê-la;
porém o pai, usando de cautela,
em lugar de Raquel lhe dava Lia.*

*Vendo o triste pastor que com enganos
lhe fora assi negada a sua pastora,
como se a não tivera merecida,*

*começa de servir outros sete anos,
dizendo: "Mais servira, se não fora
para tão longo amor tão curta a vida.*

Luís Vaz de Camões (1525 a 1580)

Atire a Primeira Pedra

*Covarde sei que me podem chamar porque não calo no peito esta dor,
Atire a primeira pedra aquele que não sofreu por amor.
Eu sei que vão censurar o meu proceder.
Eu sei, mulher, que você mesma vai dizer*

Argumentação

Que eu voltei pra me humilhar.
Ai, mas não faz mal, você pode até sorrir,
Perdão foi feito pra gente pedir.

Ataufo Alves e Mário Lago

Autofagia

É uma ligação com tamanho número de argumentos que é percebida pelo OUTRO como uma generalização tão extensa que neutraliza a regra, ou com um argumento de determinada qualidade que soa como negação da própria regra que anuncia. Este é um meio para o negociador desqualificar sua própria argumentação; portanto, melhor não se deter muito nela e passar logo para um dos tipos mais comuns de autofagia:

Retorção

Consiste em afirmar por intermédio de seus atos aquilo que se nega pelas palavras ou, ao contrário, negar por meio de seus atos aquilo que se afirma pelas palavras, o que equivale a fornecer munição para o opositor.

Exemplo: Um guarda pisa a grama do jardim para alcançar alguns jovens e alertá-los com relação à existência de uma placa onde se lê "É proibido pisar a grama".

Em resposta, ele pode ouvir: "E o que o senhor está fazendo agora?"

Este exemplo é incluído neste texto para chamar atenção do negociador para as condições e as conseqüências do que diz, pois isto pode desqualificá-lo.

Outra estória: Dizem que um rei mandou instalar na sala principal de seu palácio uma guilhotina e sentenciou:

"Todo mentiroso será decapitado!"

Passados alguns dias, um de seus súditos se apresentou em audiência pública como aquele que seria executado naquela guilhotina. O rei, ao ouvir isto e sabendo que não havia nenhuma condenação que pesasse sobre aquele súdito, calou-se e passou a pensar bem mais antes de se pronunciar, ou pelo menos deixou de se pronunciar de maneira tão extensiva.

Veja por que: se ele declarasse o súdito culpado e providenciasse sua decapitação, o que este disse deixaria de ser mentira. Se ele inocentasse o súdito, estaria deixando de cumprir sua própria determinação.

Exemplos:

Relatórios que dizem que alguma coisa não aconteceu são interessantes porque, como sabemos, existem coisas sabidas que sabemos; existem coisas que sabemos que sabemos.

Também sabemos que existem coisas sabidas que são desconhecidas; quer dizer, sabemos que existem algumas coisas que não sabemos. Também existem coisas desconhecidas que desconhecemos, ou seja, aquelas que não sabemos que não sabemos.

Donald Rumsfeld (Secretário de Defesa dos USA, dez. 2003)

Amor é...

Amor é fogo que arde sem se ver,
é ferida que dói, e não se sente;
é um contentamento descontente,
é dor que desatina sem doer.

É um não-querer mais que bem querer;
é um andar solitário entre gente;
é nunca contentar-se de contente;
é um cuidar que ganha em se perder.

É querer estar preso por vontade;
é servir a quem vence o vencedor;
é ter, com quem nos mata, lealdade.

Mas como causar pode seu favor
nos corações humanos amizade,
se tão contrário a si é o mesmo Amor?

Camões

Argumentação

O Tejo é...

O Tejo é mais belo que o rio que corre pela minha aldeia,
mas o Tejo não é mais belo que o rio que corre pela minha aldeia
porque o Tejo não é o rio que corre pela minha aldeia.

O Tejo tem grandes navios
e navega nele ainda,
para aqueles que vêem em tudo o que lá não está,
a memória das naus.

O Tejo desce de Espanha
e o Tejo entra no mar em Portugal.
Toda a gente sabe isso.
Mas poucos sabem qual é o rio da minha aldeia
e para onde ele vai
e donde ele vem.

E por isso, porque pertence a menos gente,
é mais livre e maior o rio da minha aldeia.

Pelo Tejo vai-se para o Mundo.
Para além do Tejo há a América
E a fortuna daqueles que a encontram.
Ninguém nunca pensou no que há para além
Do rio da minha aldeia.

O rio da minha aldeia não faz pensar em nada.
Quem está ao pé dele está só ao pé dele.

Fernando Pessoa

Maria Betânia

Maria Betânia, tu és para mim a senhora do engenho.
Em sonhos te vejo, Maria Betânia, tu és tudo que tenho.
Quanta tristeza sinto no peito, só em pensar que o meu sonho está desfeito.
Maria Betânia, tu lembras ainda daquele São João.
As minhas palavras caíram bem dentro do teu coração.

Tu me olhavas com emoção e eu, sem querer, pus minha mão em tua mão.
Maria Betânia, tu sentes saudade de tudo, bem sei.
Porém também sinto saudade do beijo que nunca te dei.
Beijo que vive com esplendor, nos lábios meus, para aumentar a minha dor.
Maria Betânia, eu nunca pensei acabar tudo assim.
Maria Betânia, por Deus, eu te peço tem pena de mim.
Hoje confesso, com dissabor, que não sabia nem conhecia o amor.

Capiba

Definição

Este tipo de ligação se dá entre termos essenciais (significantes) empregados pelo negociador e os conceitos (significados) assumidos a partir das diversas alternativas.

A definição pode assumir diferentes formas:

Normativa	Forma definida para utilização de um determinado termo.
Descritiva	Sentido conferido a uma palavra em determinado meio, em determinada situação.
Condensada	Indica os elementos essenciais de uma definição descritiva.
Complexa	Combina elementos das três espécies anteriores.

O conceito adotado para "consenso" neste livro é um exemplo de definição descritiva.

Tautologia

Esta se destaca, uma vez que é um recurso comumente usado pelos negociadores. Em termos superficiais, é a definição que nada acrescenta, que nada ensina pois nada apresenta de novo.

Argumentação

Exemplo:

"Uma criança é uma criança."

Esta requer boa vontade do OUTRO para ser empregada de maneira eficaz, completando a relação entre a pessoa mencionada e seus comportamentos ou entre o objeto citado e suas propriedades, numa situação concreta quando adquire um significado particular em função da cumplicidade instalada entre os negociadores.

Exemplo:

Eu bebo sim

Eu bebo sim, estou vivendo.
Tem gente que não bebe, está morrendo.
Eu bebo sim.
Tem gente que já tá de "pé na cova"
Não bebeu e isto prova: a bebida não faz mal.
Uma pro santo, bota o "choro" e a "saideira",
Desce toda a prateleira, diz que a vida tá legal.
Eu bebo sim.
Tem gente que condena o pileque,
diz que é coisa de moleque, cafajeste ou coisa assim.
Mas essa gente, quando tá de "cuca cheia" vira "chave de cadeia"
Esvazia o botequim.
Eu bebo sim.

Luiz Antônio e João do Violão

Probabilidade

Tipo de ligação que se constrói com base em atributos não-quantificáveis, a partir da redução da realidade a séries ou coleções de seres ou de fatos que em certos aspectos são semelhantes e em outros aspectos são diferentes.

Decorrem da consideração de um conjunto extenso de elementos que tornam mais significativa certa variabilidade, uma vez que há uma redução dos dados a elementos que são comparados de forma mais simples, de acordo com o parecer dos negociadores.

Base

Para ser aplicada demanda uma série de acordos prévios entre os negociadores, com relação ao assunto em questão.

Exemplo:

Uma vez que os seres humanos estão mais propensos a dizer aquilo que possa soar bem aos ouvidos alheios, aquilo que é dito, apesar de se saber que não soará bem aos ouvidos do interlocutor, é mais raro e valioso.

Uma referência:

Albert O. Hirschman, através do seu livro: *A Retórica da Intransigência* publicado pela Companhia das Letras, em 1992, apresenta o seguinte comentário, na página 15:

Minha meta é delinear os tipos formais de argumento ou de retórica, dando ênfase, pois, às posturas e manobras políticas mais importantes e provavelmente mais utilizadas por aqueles que têm como objetivo desalojar e derrubar as políticas e os movimentos de idéias "progressistas". [...]

De acordo com a tese da **perversidade***, qualquer ação proposital para melhorar um aspecto da ordem econômica, social ou política só serve para exacerbar a situação que se deseja remediar.*

A tese da **futilidade** *sustenta que as tentativas de transformação social serão infrutíferas, que simplesmente não conseguirão "deixar sua marca". A tese da* **ameaça** *argumenta que o custo da reforma ou mudança proposta é alto demais, pois coloca em perigo outra preciosa realização anterior.*

Ai, que Saudades da Amélia

Nunca vi fazer tanta exigência
Nem fazer o que você me faz
Você não sabe o que é consciência
Nem vê que eu sou um pobre rapaz.

Argumentação

Você só pensa em luxo e riqueza,
Tudo o que você vê, você quer.
Ai, meu Deus, que saudades da Amélia,
Aquilo, sim, é que era mulher.

Às vezes, passava fome ao meu lado
E achava bonito não ter o que comer
E, quando me via contrariado,
Dizia: "Meu filho, que se há de fazer?"

Amélia não tinha a menor vaidade.
Amélia é que era mulher de verdade.

Ataufo Alves e Mário Lago

Estes são os tipos de ligação entre argumentos fundamentados em estruturas quase lógicas.

Observe a diferença entre estes e os seguintes, baseados na estrutura do real.

Procure outros exemplos de cada um desses.

Argumentos baseados na estrutura do real

Enquanto os argumentos **quase lógicos** se aproximam da "linguagem" da ciência, os argumentos baseados na **estrutura do real** se apresentam como defesa clara das opiniões sustentadas pelos negociadores. Suas principais ligações se baseiam em:

Ligação causa-efeito

Objetiva valorizar um evento destacando sua causa.

Exemplos:

Observando as empresas cujo sucesso é duradouro, constata-se que todas dispõem de um eficiente sistema de planejamento. Com base nisto, admite-se que uma empresa que dispõe de um eficiente sistema de planejamento hoje terá grandes chances de sucesso amanhã.

Anatomia do Poder

Uma parcela do exercício da autoridade masculina deve ser atribuída ao maior acesso do homem ao poder condigno – à maior força física do marido e sua utilização para impor a vontade sobre uma esposa fisicamente mais fraca e insuficientemente dócil. E ninguém pode duvidar da costumeira eficiência do poder compensatório, da recompensa sob a forma de roupas, jóias, moradia, divertimentos e participação na vida social. Estas recompensas vêm demonstrando há muito, e adequadamente, sua utilidade em assegurar a aquiescência feminina à vontade masculina.

Entretanto, uma breve reflexão tornará evidente que o poder masculino e a submissão feminina têm dependido, desde os tempos antigos, muito mais da crença de que tal submissão é a ordem natural das coisas. Os homens podiam amar, honrar e prover; durante longo tempo aceitou-se que as mulheres deveriam amar, honrar e obedecer. Parte disto foi o produto de uma educação específica – da instrução no lar, nas escolas e pela Igreja, de que este era o papel adequado das mulheres na ordem social e em relação à família. Até recentemente os cursos universitários ensinavam às mulheres, mas não aos homens, as artes do lar – economia doméstica, trabalhos manuais – com a implicação evidente de que isto era importante para uma submissão normal à vontade masculina. Tal implicação nesta forma de ensino ainda não desapareceu por completo.

Mas apenas uma parte da subordinação das mulheres era obtida pela instrução explícita – pelo condicionamento explícito. Outra parte, quase certamente a maior, era (e ainda é) obtida pela simples aceitação daquilo que a comunidade e a cultura têm considerado há tempos como correto e virtuoso ou, na expressão de Max Weber, daquilo que é uma relação patrimonial estabelecida entre o governante e o governado. Este é o condicionamento implícito, uma força poderosa.

Acima de tudo, esta submissão condicionada das mulheres procedia de uma crença, a crença feminina de que a vontade mascu-

Argumentação

lina era preferível à afirmação indevida da sua vontade e, em contrapartida, a crença masculina de que os homens tinham o direito de dominar em virtude de seu sexo ou das qualidades físicas e mentais a ele associadas. [...]

Uma prova deste poder da crença está na natureza do atual esforço de emancipação – o movimento feminista. Diversas formas de poder condigno masculino têm sido atacadas, inclusive o direito de os maridos infligirem castigo físico ou mental. Tem-se procurado reduzir o poder compensatório exercido pelos homens, mediante o incremento de oportunidades de emprego fora do lar para mulheres e as denúncias de discriminações que mantêm as mulheres em cargos inferiores. Mas o ponto focal deste empenho tem sido o questionamento e o desafio à crença de que a submissão e a subserviência são normais, virtuosas e corretas.

J. Kenneth Galbraith
Livraria Pioneira Editora,1984, páginas 26-28

Incompatibilidade de Gênios

Dotô, jogava o Flamengo, eu queria escutar,
Chegou, mudou de estação, começou a cantar.
Tem mais: um cisco no olho, ela em vez de assoprar;
Sem dó, falou que por ela eu podia cegar.
Se eu dou um pulo, um pulinho, um instantinho no bar,
Bastou, durante dez noites me faz jejuar.
Levou as minhas cuecas prum bruxo rezar,
Coou meu café na calça prá me segurar.
Se eu tô, ai se eu tô, devendo dinheiro e vem me cobrar,
E vem me cobrar, dotô.
Ai, dotô, a peste abre a porta e ainda manda sentar.
E ainda manda sentá.
Depois, se eu mudo de emprego que é prá melhorar
Vê só, convida a mãe dela prá ir morar lá.
Se eu peço feijão, ela deixa salgar. E ela deixa salgar.
Calor, ai, calor, mas veste casaco prá me atazanar,
Só prá atazanar.

E, ontem, sonhando comigo, mandou eu jogar,
Mandou eu jogá no burro, foi no burro
E deu na cabeça a centena e o milhar.
Quero me separar.

João Bosco e Aldir Blanc

Ligação Pragmática

Objetivo valorizar um evento com base em suas conseqüências.

Exemplos:

- As experiências realizadas nos campos de concentração permitiram grandes aperfeiçoamentos das técnicas de cirurgias plásticas;
- O lixo produzido pelas embalagens descartáveis representa uma importante fonte de sustento para os que não dispõem de qualificação profissional;
- O lançamento de bombas atômicas em Hiroshima e Nagasaki proporcionou o fim da Segunda Grande Guerra.

Apelo

Ah! meu amor, não vás embora
Vê a vida como chora
Vê que triste esta canção.
Não, eu te peço, não te ausentes
Pois a dor que agora sentes
Só se esquece no perdão.

Ah! Minha amada, me perdoa
Pois embora ainda lhe doa
A tristeza que causei
Eu te suplico não destruas
Tantas coisas que são tuas
Por um mal que já paguei...

Argumentação

*Ah! Minha amada, se soubesses
Da tristeza que há nas preces
Que a chorar te faço eu.
Se tu soubesses um momento
Todo arrependimento
Como tudo entristeceu.
Se tu soubesses como é triste
Eu saber que tu partiste
Sem sequer dizer adeus.
Ah! Meu amor, tu voltarias
E de novo cairias
A chorar nos braços meus.*

Baden Powell e Vinícius de Moraes

Ligação meio-fim

Objetiva valorizar o meio em função do fim almejado.

Exemplos:

O choro da criança é um importante recurso para chamar a atenção dos adultos para o desconforto dela.

Pedagogia do Oprimido

O diálogo, como encontro dos homens para a tarefa comum de saber agir, se rompe, se seus pólos (ou um deles) perdem a humildade.

Como posso dialogar, se alieno a ignorância, isto é, se a vejo sempre no outro, nunca em mim?

Como posso dialogar, se me admito como homem diferente, virtuoso por herança, diante dos outros meros "isto" em quem não reconheço outros "eu"?

Como posso dialogar, se me sinto participante de um "gueto" de homens puros, donos da verdade e do saber, para quem todos os que estão fora são "essa gente" ou são "nativos inferiores"?

Como posso dialogar se parto de que a pronúncia do mundo é tarefa de homens seletos e que a presença das massas na história é sinal de sua deterioração que devo evitar?

Como posso dialogar, se me fecho à contribuição dos outros, que jamais reconheço, e até me sinto ofendido com ela?

Como posso dialogar se temo a superação e se, só em pensar nela, sofro e definho?

A auto-suficiência é incompatível com o diálogo.

Se a fé nos homens é um dado a priori do diálogo, a confiança se instaura com ele. A confiança vai fazendo os sujeitos dialógicos cada vez mais companheiros na pronúncia do mundo. [...] Um falso amor, uma falsa humildade, um debilitada fé nos homens não podem gerar confiança. A confiança implica no testemunho que um sujeito dá aos outros de suas reais e concretas intenções. Não pode existir, se a palavra, descaracterizada, não coincide com os atos. Dizer uma coisa e fazer outra, não levando a palavra a sério, não pode ser estímulo à confiança.

Paulo Freire
Editora Paz e Terra,1978, páginas 95 e 96

Carinhoso

Meu coração, não sei por que, bate feliz quando te vê
E os meus olhos ficam sorrindo e pelas ruas vão te seguindo,
Mas mesmo assim, foges de mim!
Ah! Se tu soubesses como eu sou tão carinhoso
E o muito e muito que te quero,
E como é sincero o meu amor,
Eu sei que nunca fugirias mais de mim.
Vem, vem, vem, vem, vem sentir o calor dos lábios meus
À procura dos teus.
Vem matar esta paixão que me devora o coração
E só assim, então, serei feliz, bem feliz.

Pixinguinha e João de Barro

Argumentação

Matriz ou Filial

Quem sou eu pra ter direitos exclusivos sobre ela
Se eu não posso sustentar os sonhos dela,
Se nada tenho e cada um vale o que tem.
Quem sou eu pra sufocar a solidão daquela boca
Que hoje diz que sou matriz e quando louca
Se nós brigamos, diz que sou a filial.
Afinal se amar demais passou a ser o meu defeito,
É bem possível que eu não tenha mais direito
De ser matriz por ter somente amor pra dar.
Afinal, o que ela pensa conseguir me desprezando
Se sua sina sempre foi voltar chorando arrependida,
Me pedindo pra ficar.

Lúcio Cardim

Ligação fim-meio

Objetiva valorizar o fim em função do meio empregado.

Exemplos:

- Se você quer viver em equilíbrio, é necessário que você mantenha postura ereta, respiração e alimentação corretas e mente aberta.
- Para trilhar o caminho da virtude, o primeiro passo é não fazer ao outro o que você detestaria que o outro lhe fizesse.

Castigo

A gente briga, diz tanta coisa que não quer dizer,
Briga pensando que não vai sofrer,
Que não faz mal se tudo terminar.

Um belo dia, a gente entende que ficou sozinho,
Vem a vontade de chorar baixinho,
Vem o desejo triste de voltar.

Você se lembra, foi isso mesmo que se deu comigo,
Eu tive orgulho e tenho por castigo,
A vida inteira prá me arrepender.

Se eu soubesse naquele dia o que eu sei agora,
Eu não seria esta mulher que chora,
Eu não teria perdido você.

Dolores Duran

Ligação com o desperdício

Ao argumentar neste sentido, incentiva-se a conclusão do projeto para evitar o desperdício de todo o investimento que já foi feito; ou protesta-se contra qualquer investimento num determinado projeto iniciado ou não, uma vez que se entende que a relação custo-benefício não é atraente.

Exemplos:

A Flor que és...

A flor que és
Não a que dás eu quero
Por que me negas o que te não peço.
Tempo terás para negar depois de me teres dado.

Flor, sê-me flor.
Se te colher avaro a mão da infausta esfinge
Tu, perene sombra, errarás absurda,
Buscando o que não deste.

Fernando Pessoa

Piada antiga (década de 1940)

Pergunta:
Qual a diferença entre o capitalismo e o socialismo?
Resposta:
No capitalismo, o homem explora o homem. No socialismo, é o contrário.

Argumentação

Brigas

Veja só que tolice nós dois brigarmos tanto assim
Se, depois, vamos nós a sorrir trocar de bem enfim.
Para que maltratarmos o amor,
O amor não se maltrata não.
Para quê, se essa gente o que quer é ver nossa separação.
Brigo eu. Briga você também por coisas tão banais
E o amor, em momentos assim, morre um pouquinho mais,
E, ao morrer, então é que se vê que quem morreu fui eu e foi você.
Pois, sem amor, estamos sós, morremos nós.

Evaldo Gouveia e Jair Amorim

Esses Moços

Esse moços, pobres moços, Ah! Se soubessem o que sei.
Não amavam, não passavam aquilo que já passei.
Por meus olhos, por meus sonhos, por meu sangue, tudo enfim,
É que eu peço a esses moços que acreditem em mim.
Se eles julgam que a um lindo futuro, só o amor nesta vida conduz,
Saibam que deixam o céu por ser escuro e vão ao inferno, à procura de luz.
Eu também tive, nos meus belos dias, esta mania e muito me custou.
Pois só as mágoas que trago hoje em dia
E estas rugas que o amor me deixou.

Lupicínio Rodrigues

Ligação de direção

Visa tornar uma etapa solidária de desenvolvimentos posteriores.

A pergunta básica é: Onde se pretende chegar?

Uma vez que alguém pode concordar com um projeto que soa bem no momento presente, mas que, em não sendo completo, requer a realização de outras etapas e de outros investimentos futuros com os quais não pode se comprometer.

Exemplos:

Uma coisa é concordar que a melhor alternativa dentre as apresentadas é colocar um guiso no pescoço do gato, outra coisa bem mais custosa é encontrar um rato disposto a fazê-lo.

Esta ligação de encadeamento de situações recorre à imagem da ladeira escorregadia, sugerindo que não haverá como deter-se no meio do caminho, e sobre cujo desfecho há motivos para receios; pode ser usada para desqualificar propostas alheias:

"A medicina experimental nos animais admitia que, para a utilidade da medicina humana, podia-se sacrificar o animal. Logo surgiu a idéia de que, para a utilidade da humanidade em seu todo, podiam-se sacrificar alguns seres humanos. Claro, no início, essa idéia levantava fortes resistências internas, mas o hábito acaba vencendo. Começa-se por admitir a experimentação nos condenados à morte, depois foi emitida a idéia da experimentação nos prisioneiros de direito comum e, enfim, concebida a idéia da experimentação nos inimigos! A marcha das idéias é, como se vê, extremamente terrível e ao mesmo tempo insidiosa."

Além disso, eis o que dizem Perelman e Olbrechts-Tyteca sobre este tipo de ligação:

"Todos estes desenvolvimentos, sejam eles marcados pela idéia de contágio, de vulgarização, de consolidação, de mudança de natureza, mostram que um fenômeno, inserido numa série dinâmica, adquire um significado diferente daquele que teria, tomado isoladamente. Esse significado varia conforme o papel que o fazem desempenhar nesta série". [pág. 327]

Argumentação

Chuvas de Verão

Podemos ser amigos simplesmente
Coisas do amor, nunca mais.
Amores do passado, no presente,
Repetem velhos temas, tão banais...

Ressentimentos passam como o vento,
São coisas do momento,
São chuvas de verão.

Trazer uma aflição dentro do peito,
É dar vida a um defeito
Que se extingue com a razão.

Estranha no meu peito,
Estranha na minha alma,
Agora eu tenho calma,
Não te desejo mais...

Podemos ser amigos simplesmente...
Amigos, simplesmente e nada mais.

Fernando Lobo

Dom de iludir

Não me venha falar da malícia de toda mulher
Cada um sabe a dor e a delícia de ser o que é
Não me olhe como se a polícia andasse atrás de mim
Cale a boca e não cale na boca notícia ruim.

Você sabe explicar, você sabe entender, tudo bem.
Você está
Você é
Você faz
Você quer
Você tem
Você diz a verdade
E a verdade é o seu dom de iludir.
Como pode querer que a mulher vá viver sem mentir?

Caetano Veloso

Ligação de superação

Visa incentivar a ampliação de horizontes, não se detendo em um objetivo, mas buscando sempre transcender as referências atuais.

Exemplos:

Outrora éramos desconhecidos. Um dia, fomos transformados em colegas de trabalho. Passado o tempo, os desafios que enfrentamos juntos nos transformaram em irmãos. Agora, a nossa dedicação e integração nos transformarão num único bloco, invencível.

Palpite infeliz

Quem é você que não sabe o que diz.
Meu Deus do céu, que palpite infeliz!
Salve Estácio, Salgueiro e Mangueira,
Oswaldo Cruz e Matriz
Que sempre souberam muito bem
Que a Vila não quer abafar ninguém,
Só quer mostrar que faz samba também!

Fazer poemas lá, na Vila, é um brinquedo!
Ao som do samba, dança até o arvoredo!
Eu já chamei você pra ver,
Você não viu porque não quis.
Quem é você que não sabe o que diz?

A Vila é uma cidade independente,
Que tira samba, mas não quer tirar patente!
Pra que ligar a quem não sabe
Aonde tem o seu nariz?
Quem é você que não sabe o que diz?

Noel Rosa

Cadeira Vazia

Entra, meu amor, fica à vontade e diz com sinceridade
O que desejas de mim.

Argumentação

Entra, podes entrar, a casa é tua, já que cansaste de viver na rua
E teu sonhos chegaram ao fim.
Eu sofri demais quando partiste, passei tantas horas triste
Que nem devo lembrar esse dia.
Mas de uma coisa podes ter certeza que teu lugar aqui na minha mesa,
Tua cadeira ainda está vazia.
Tu és a filha pródiga que volta procurando em minha porta
O que o mundo não te deu
E faz de conta que sou o teu paizinho
Que tanto tempo aqui fiquei sozinho
A esperar por um carinho teu.
Voltastes, estás bem, estou contente
Só que me encontraste muito diferente,
Vou te falar de todo o coração:
Não te darei carinho nem afeto
Mas pra te abrigar podes ocupar meu teto,
Pra te alimentar podes comer meu pão.

Lupicínio Rodrigues e Alcides Gonçalves

Ligação de autoridade

Serve-se do exemplo de pessoa de prestígio (santos, heróis e modelos) junto ao OUTRO para incentivá-lo a agir da forma como aquela fez ou faria em circunstâncias semelhantes.

Exemplo:

Me parece que seu pai não agiria desta maneira diante de um amigo necessitado que lhe estendesse a mão.

Por que, então, você chegaria mesmo a considerar esta alternativa?!

Outros expedientes utilizados neste mesmo sentido são empenhar a própria palavra de honra e introduzir citações de personalidades de renome ou mencionar o apoio de empresas famosas, as chamadas *top of mind* da época.

Exemplo:

Baticum

Bia falou Ah! Claro que eu vou,
Clara ficou até o sol raiar,
Dadá também saracoteou,
Didi tomou o que era pra tomar,
Ainda bem que Isa me arrumou um barco bom pra gente chegar lá,
Lelé também foi e apreciou o baticum lá, na beira mar.
Aquela noite tinha do bom e do melhor,
Tô lhe contando que é pra lhe dar água na boca.
Veio Mané da Consolação.
Veio o Barão de lá, do Ceará,
Um professor falando alemão,
Um avião veio do Canadá,
Monsieur Dupont trouxe o dossier
E a Benetton topou patrocinar,
A Sanyo garantiu o som do baticum lá, na beira do mar.
Aquela noite, quem tava lá, na praia, viu e quem não viu jamais verá,
Mas, se você quiser saber, a Warner gravou e a Globo vai passar.
(...)
Isso é que é, Pepe se chegou; Pelé pintou só que não quis ficar.
O campeão da fórmula 1 no Baticum lá, na beira do mar.
Aquela noite tinha do bom e do melhor.
Eu só tô lhe contando que é pra dar água na boca.
Zeca pensou antes que era bom,
Mano cortou brother o que é que há.
Foi a G.E. quem iluminou e a Macintosh entrou com o vatapá.
O JB fez a crítica e o cardeal deu ordem pra fechar
O Carrefour, digo, o baticum da Benetton não da beira do mar.

Gilberto Gil e Chico Buarque

Argumentação

Ligação de coexistência

Visa destacar relações entre:

- a pessoa e seus atos;
- o grupo e seus participantes;
- a essência e suas manifestações;
- o símbolo e o simbolizado como elementos sincrônicos e não envolvidos numa relação de causa e efeito.

Uma das formas de fazer isso é através do esquema de hierarquia dupla, presente numa afirmação como esta:

Fulano é mais resistente do que Sicrano porque consegue percorrer maior distância correndo.

As duas hierarquias são: a da resistência e a da distância. Portanto, uma das formas de contestar este tipo de argumentação baseia-se na desqualificação de uma das duas hierarquias apresentadas ou na contestação da ligação estabelecida entre elas.

Exemplo:

Este conjunto de poemas de Manoel Bandeira

Porquinho-da-índia

Quando eu tinha seis anos
Ganhei um porquinho-da-índia.
Que dor de coração me dava
Porque o bichinho só queria estar debaixo do fogão!
Levava ele pra sala
Pra os lugares mais bonitos e limpinhos
Ele não gostava:
Queria era estar debaixo do fogão.
Não fazia caso nenhum das minhas ternurinhas...

O meu porquinho-da-índia foi a minha primeira namorada.

Teresa

A primeira vez que vi Teresa
Achei que ela tinha pernas estúpidas
Achei também que a cara parecia uma perna.

Quando vi Teresa de novo
Achei que os olhos eram muito mais velhos que o resto do corpo
(Os olhos nasceram e ficaram dez anos esperando que o resto do corpo nascesse)

Da terceira vez não vi mais nada
Os céus se misturaram com a terra
E o espírito de Deus voltou a se mover sobre a face das águas.

Madrigal tão engraçadinho

Teresa, você é a coisa mais bonita que eu vi até hoje na minha vida, inclusive o porquinho-da-índia que me deram quando eu tinha seis anos.

Retomando o fio da meada

Nem todo mundo que argumenta é negociador, mas todo negociador depende de sua competência para argumentar e liderar, isto é, tem seguidores.

Da mesma forma que a argumentação vela e revela interesses o tempo todo, ela pode revelar o estilo do negociador ou, no mínimo, a sua capacidade para adequá-la à situação vivida durante uma determinada rodada. Assim, encontram-se "negociadores de um argumento só", aqueles que são absolutamente previsíveis porque têm competências limitadas (ou, quem sabe, um apego exagerado à opinião que sustentam), negociadores que preferem os argumentos baseados na estrutura do real e outros que se especializaram nos argumentos quase lógicos. E há, ainda, os que navegam por diferentes mares com maestria. Estes, por dispor de maior gama de competências, podem realizar escolhas mais apropriadas quando se encontram em situação de equilíbrio suficiente para preservar sua maturidade funcional.

Argumentação

Não há garantias de que o negociador melhor preparado vá alcançar um determinado alvo, nem de que vá fazê-lo no prazo estabelecido, uma vez que não chega a lugar nenhum sozinho, nunca. Mas não resta dúvida de que seu desempenho superior e constante lhe propicia melhores condições de atingir o alvo quando comparado com outros, em condições semelhantes. A experiência tem comprovado que os benefícios compensam os investimentos em suplementação de competências. Observe-se que este investimento deve ser feito com razoável antecedência, uma vez que a competência, assim como o cerne da madeira, não se consolida do dia para a noite.

Outro processo que demanda tempo é o de sintonia entre negociadores que representam, juntos, uma mesma instituição. Casos já houve em que outros profissionais foram designados, de última hora, para acompanhar o negociador principal, por motivos técnicos aceitáveis ou por capricho de algum poderoso, e que provocaram verdadeiros desastres em função do que fizeram ou disseram durante a reunião. O pior caso que conheço foi o de um técnico que desqualificou seu colega, corrigindo-o na frente dos representantes da outra parte. É aconselhável ter cautela nestes casos e investir na geração de sintonia fina entre parceiros.

Finalizando este capítulo, é bom lembrar que para se conhecer um negociador é necessário com ele negociar por algum tempo, quer seja representando a mesma instituição ou instituições diferentes, da mesma forma que, para conhecer um motorista, é necessário fazer várias viagens com ele. Só assim se identificam seus hábitos, habilidades, percepção e interesse. Apesar de a atualidade ser dominada pelo fast food, drive thru, compra de impulso e outras facilidades da industrialização combinada com a urbanização, o ser humano continua com a mesma velocidade original de que dispunha há alguns milênios atrás.

CAPÍTULO 6

Avaliar-se é preciso

Uma das grandes dificuldades enfrentadas pelo negociador se refere à avaliação, uma vez que UM jamais pode contar com a colaboração isenta do OUTRO. O OUTRO tem seu interesse e se, em algum momento, apresenta sua avaliação a respeito de como UM agiu, está contaminada por ela. Se o negociador busca o apoio de um consultor (como empresários e gerentes têm feito comigo) este se depara com uma restrição: raramente sua presença é aceita em reuniões de negociação, principalmente quando se trata de relação entre diferentes instituições. Sem esquecer o fato de que a presença do consultor pode contribuir para que a atuação do negociador se altere.

Em função disso tudo, tenho investido na constituição de um instrumental que colabore para a realização desta tarefa solitária do negociador. O objetivo deste instrumental, constituído de quatro questionários e um modelo de gráfico para interpretação dos resultados da auto-avaliação, é colaborar para que o negociador registre uma imagem tão nítida quanto ele próprio permita, da sua forma de agir, durante uma rodada de negociação, e possa estabelecer metas para o seu próprio desenvolvimento.

Com base nisso, quem vivencia regularmente o papel de negociador pode buscar o apoio externo para o seu desenvolvimento, quando considerar oportuno, tendo questões específicas para as quais procurará respostas, em vez de ficar rodando a esmo.

Dos quatro questionários, dois deles (A e B) se referem ao âmbito do "desempenho" e os outros dois (C e D), ao âmbito da "composição com o OUTRO". Todos são compostos por perguntas fechadas que só permitem respostas "sim" ou "não" que o próprio negociador deve dar logo após ter encerrado uma rodada; e essas perguntas não pretendem esgotar o tema negociação. Em caso de o negociador ficar em dúvida, sugere-se que prefira a resposta "não" já que, desta forma, aponta um aspecto a ser desenvolvido, desde que tenha intenção de melhorar sua atuação durante a próxima rodada.

Sendo cada uma das questões bastante específica, basta ao negociador perguntar a si próprio: "O que eu preciso fazer para transformar este 'não' em 'sim' no exercício do papel de negociador?" para estabelecer o seu alvo. Depois, ele pode optar por fazer isso com base nos seus conhecimentos, com a colaboração de livros ou de outros profissionais. Mas poderá evitar de sair por aí, dando tiro para tudo quanto é lado ou colocando a culpa naqueles que não o entendem, o que é um tremendo desperdício de tempo. Além disso, basta ter assimilado o conteúdo deste livro, para entender o conteúdo de cada uma das questões apresentadas.

É claro que se o negociador, ao avaliar sua própria atuação, for muito condescendente, seu resultado não será muito útil para ele próprio. Mas isso o negociador pode corrigir quando desejar.

Questionário A
Tema: Argumentação

a1. A minha contribuição em termos de argumentação somente se iniciou a partir do momento em que o OUTRO confirmou o interesse que ele estava representando?

a2. Eu deixei claro para o OUTRO os pontos em que os interesses que ele e eu representamos têm aspectos comuns?

a3. As analogias e os exemplos que eu utilizei respeitaram o repertório de imagens que compõe o referencial do OUTRO?

a4. Os argumentos que eu constituí foram apresentados de forma clara para o OUTRO, respeitando seu ritmo de assimilação?

a5. Eu propiciei todos os meios que estavam ao meu alcance para que o argumento fosse compartilhado como meu e do OUTRO?

Questionário B
Tema: Comportamentos Verbais

b1. Eu realizei os comportamentos verbais de acordo com as minhas escolhas e eles ficaram claros para o OUTRO?

b2. Eu me utilizei de diversas formas de "buscar informação", evitando expor o OUTRO a um interrogatório?

b3. Os comportamentos verbais utilizados por mim sempre foram escolhidos com base na meta estabelecida para esta rodada?

b4. Eu somente realizei o comportamento "dar informação" em resposta a uma solicitação do OUTRO ou a uma clara demonstração deste de que esse comportamento era oportuno?

b5. Eu evitei o uso daqueles comportamentos verbais que podem contribuir para um clima de desconfiança ou distanciamento entre mim e o OUTRO?

Questionário C
Tema: A Percepção do OUTRO

c1. O OUTRO demonstrou claramente que teve oportunidades equivalentes às minhas de se expressar durante esta rodada, sem ter que disputar seu espaço?

c2. As questões colocados pelo OUTRO foram debatidas e esclarecidas?

c3. O OUTRO não foi estimulado por mim a adotar uma postura reativa, como se estivesse participando de uma disputa?

c4. O OUTRO evidenciou através de seu comportamento que a visão do problema/oportunidade é compartilhada por nós?

c5. O OUTRO permitiu que eu tivesse acesso à sua hierarquia de valores, quando eu o estimulei neste sentido?

Questionário D
Tema: Tomada de Decisão

d1. Nós delimitamos nossa área de autonomia para tomada de decisão?

d2. Nós estabelecemos os acordos operacionais que nortearam a forma desta rodada e nortearão as rodadas seguintes?

d3. As decisões foram tomadas em consenso, com naturalidade, isto é, sem imposições autoritárias nem da minha parte nem da parte do OUTRO?

d4. Todos os detalhes para que tanto eu como o OUTRO realizem o que nós decidimos ficaram claramente definidos?

d5. Eu realmente acredito que o que foi decidido é viável de se transformar em realidade, no prazo combinado, apesar das resistências que tanto eu como o OUTRO deveremos enfrentar?

Instruções para composição do gráfico

1. Com base no total de respostas afirmativas dadas às perguntas contidas em cada questionário, marque o número equivalente no eixo correspondente, identificado pela letra do questionário.

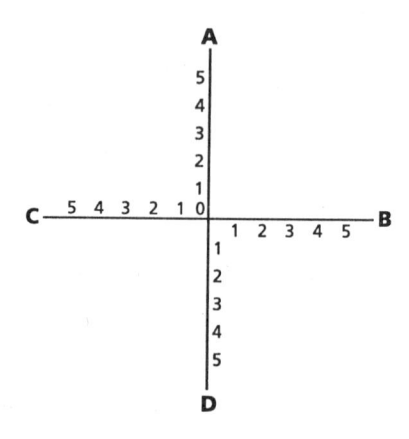

```
              A
              5
              4
              3
              2
              1
    5 4 3 2 1 0
  C─────────────┼───────── B
              0 1 2 3 4 5
              1
              2
              3
              4
              5
              D
```

Avaliar-se é preciso

2. A partir do ponto assinalado, uma reta pontilhada deve ser construída a partir do eixo e perpendicular a este, até que as duas retas se cruzem, demarcando um ponto para cada um dos âmbitos.

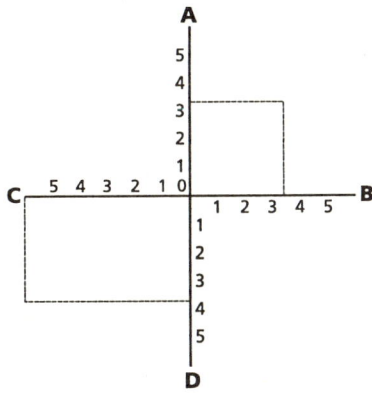

3. Una estes pontos resultantes e você terá uma reta.

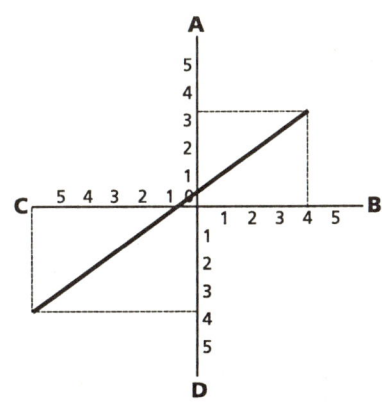

4. Compare esta reta final com a contida no gráfico a seguir, que representa o total de respostas afirmativas a todas as questões, e obterá uma interpretação da sua visão atual sobre esta sua atuação, levando em conta: o cumprimento da reta e a sua posição em relação ao cruzamento dos eixos.

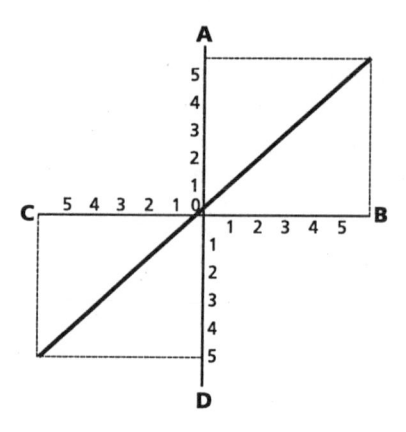

Isto ajuda você a identificar sua prioridade no âmbito do desenvolvimento profissional, visando dar melhor contribuição para o estabelecimento da trajetória da negociação.

Desta forma, da comparação do penúltimo quadro com este último, é possível se constatar que, em termos gerais, a avaliação do próprio negociador indica que sua atuação:

- Foi mais balanceada com relação ao seu desempenho, do que com relação à composição com o OUTRO;
- Há maiores oportunidades de desenvolvimento profissional no âmbito do desempenho;
- Que ele dispõe de duas alternativas para aperfeiçoar seu desempenho e que nenhuma delas se apresenta como prioritária, uma vez que o comprimento da reta resultante, tanto na parte superior do eixo como na parte inferior, são bem próximas. É necessário, todavia, levar em conta que, se optar pelo âmbito da composição com o OUTRO, poderá propiciar melhor equilíbrio à sua atuação com um foco mais específico em somente uma questão. Se optar pelo âmbito do desempenho, precisará levar em conta duas questões que, dependendo de sua natureza, podem requerer um volume significativo de trabalho.

As pesquisas neste sentido continuam, e dentro de algum tempo teremos uma visão mais ampla.

CAPÍTULO 7

A trajetória do negociador

A trajetória do negociador está subordinada às trajetórias das negociações das quais este participa e compartilha com outros negociadores. Seu destino está sujeito a incertezas assim como todos os empreendimentos humanos estão. Certezas e perfeições andam sempre juntas no território dos devaneios e dos delírios, sendo capazes de influenciar decisões, não conseguindo, no entanto, concretizarem-se em ações.

Ela se avizinha da trajetória do herói e pode com esta confundir-se se o negociador desprezar os limites a que está sujeito e o equilíbrio de que depende a sua saúde. A exposição constante e contínua a riscos, demandas e excitações pode comprometer a sua capacidade para "construção" (sentir, pensar, decidir, agir). Tudo isto requer uma atenção ao comportamento dos seus sinalizadores, os sentimentos, que podem lhe fornecer um mapa sempre atual da sua situação. Desde que não se tenha a intenção de dominar os sentimentos ou de dar-lhes uma resposta imediata.

"Nossos sentimentos definem o tempo: uma perda futura é encarada com receio. Uma perda passada é experimentada com raiva. Nossos sentimentos condensam o mundo e tornam-no mais acessível para nós. Sem sentimentos, o mundo é remoto".[32]

---

[32] *A Linguagem dos Sentimentos*, de David Viscott. Summus Editorial, 1982, p. 133.

Ao me deparar com a dificuldade para tratar deste aspecto sem parecer piegas ou superficial, passei a observar com mais cautela as manifestações dos negociadores com relação aos seus próprios sentimentos. Alguns como medo e raiva são freqüentes, mas não trazem grandes contribuições, uma vez que estão presentes a várias manifestações de agonia. Daí cheguei à seguinte questão (que à primeira vista pode parecer absurda): Qual o sentimento mais útil ao negociador? Qual o sentimento que mais ajuda o negociador, que melhor contribuição pode dar no momento da tomada de decisão?

E, até o momento, a melhor resposta que encontrei é a seguinte: O sentimento que mais ajuda o negociador durante a tomada de decisão é a "vergonha". Por isso, pedi à minha filha, Lígia, que me falasse a respeito deste sentimento. Ela pesquisou a respeito do assunto e, aplicando a sua sensibilidade, trouxe-me sua contribuição.

Isto reforçou esta visão. Eis por que:

Como todos os outros sentimentos, a vergonha é uma mistura de outros sentimentos, como acanhamento e arrependimento. O acanhamento levaria aquele que vivencia o papel de negociador a evitar certos comportamentos em função de representarem risco de desonra futura. Se alguém "escolheu" exercer um papel é para obter a aprovação e admiração dos outros. Neste caso, a vergonha o auxilia inibindo ações que o levem a perder algo que tanto demanda para ser construído: a reputação.

Já o arrependimento é a dor da desonra daquele que ultrapassou os limites (Édipo, Antígona, Hamlet, Macbeth, Willy Loman, Joana, Michael Corleone...), que não se acanhou e já não tem mais lugar entre os seus pares, e portanto se sente culpado e "da morte mais desejoso do que da vida".

A vergonha, então, pode ser uma conselheira a indicar os limites. Cabe ao negociador escolher a forma como quer conviver com ela, ouvindo-a enquanto escolhe o caminho que irá percorrer ou quando já o está trilhando. Se for a segunda opção, que seja o mais cedo possível, enquanto os laços com os pares não se romperam e

A trajetória do negociador

ainda existe esperança de perdão e de aprendizado, ações que demandam grandes doses de coragem.

Isto não é fácil na atualidade. Já não se dá grande valor ao conceito de pecado e, a cada dia, se intensificam as tentações para o imediato, o superficial, para o prazer e a conquista. Alguns dão a impressão até de que o sofrimento é resultado de um erro divino que será, em breve, superado pela tecnologia.

Mas o interesse pela projeção de trajetórias é impulsionado pela homeostase e já gerou inúmeras técnicas e instrumentos. Algumas delas permitem prever, isto é, antecipar eventos com bastante antecedência em alguns campos, quando estes se referem à natureza e sua dinâmica não depende da opinião, invenção eminentemente humana.

Sendo a opinião a origem de todos os problemas, a negociação é uma das suas filhas mais jovens, cujo prestígio entre os seres humanos não é tão grande quanto o da competição, uma vez que a competição sempre abre as portas para a ação imediata, para o "fazer alguma coisa" (mesmo que seja uma coisa desastrosa), para o paroxismo que entope os nossos sentidos, gritando mais alto do que a agonia nossa de cada dia. Depois do paroxismo, todavia, percebe-se que os problemas se multiplicaram e que a agonia retorna com uma força aparentemente maior, requerendo doses ainda mais fortes de entorpecentes.

Mas a agonia não aumenta nem diminui de tamanho; a nossa capacidade para lidar com ela é que se reduz cada vez que dela fugimos dando primazia à competição. A negociação, então, requer que tanto os benefícios como os custos e os sacrifícios sejam compartilhados e o negociador fica vulnerável à crítica (outra filha já adulta da opinião) e pode ser substituído sempre que seus representados acreditam que uma outra pessoa pode conseguir melhores resultados.

Desta forma, a trajetória da negociação pode ser projetada com dose variável de margem de segurança, em função de um conjunto de fatores restritivos cujos elementos ainda não foram elencados na sua totalidade, mas que incluem:

- Competências dos negociadores;
- Grau de dificuldade e restrições diante do problema;
- Recursos e prazo disponíveis para superar o problema;
- Confiança entre as partes;
- Grau de convergência e divergência de interesses;
- Disponibilidade de outras alternativas para superar o problema;
- Prioridade dada pelas partes ao problema;
- Capacidade de cada parte para impor perdas significativas à outra;
- Competitividade e representatividade das entidades envolvidas dentro da cadeia de suprimento da qual participam;
- Culturas dominantes nas entidades envolvidas;
- Estabilidade do poder constituído.

Sujeita a todas essas forças, a trajetória pode se apresentar na forma de estrada pavimentada sobre terreno firme e debaixo de um céu de brigadeiro, num extremo; ou como se fosse um mar revolto diante de uma tempestade, sem sinal de porto seguro, no outro extremo. Tanto em uma como em outra, a negociação é a tarefa dos negociadores e eles irão realizá-la com base nas suas disponibilidades e disposições. As trajetórias não se repetem, podem até se aproximar, mas guardam sempre alguma surpresa. Se o conteúdo deste livro colaborar para que os negociadores dimensionem melhor seu papel e vislumbrem quanto ainda há por ser descoberto, terá cumprido sua missão.

Se a negociação continuar participando do processo civilizatório, demonstrará que nenhum peso e nenhuma medida devem ser privilegiados na tomada de decisão, e que o essencial é o meio através do qual os pesos e as medidas são estabelecidos como válidos durante um período de tempo, constituindo-se em uma das bases para a sustentação da opinião e, conseqüentemente, do poder que não se restringe somente à força, à capacidade dos seres humanos de imporem sofrimento e perdas uns aos outros.

CAPÍTULO 8

O que se pode ver em filmes

Uma vez que as chances de ser ver um negociador de verdade atuando são restritas, vinte e três filmes são recomendados.

Algumas cenas destes filmes se aproximam muito do que tenho visto nas rodadas de negociação e podem ser vistas várias vezes, o que permite que se observem seus detalhes e a urdidura da argumentação.

Cenas de Negociação

O Poderoso Chefão (The Godfather)
De Francis Ford Copola.
Baseado em livro de Mário Puzo;
Aspectos que se destacam:
- Cenário da negociação;
- Rituais;
- Desenvolvimento da argumentação.

A Qualquer Preço (A Civil Action)
De Steven Zaillian.
Baseado no livro de Jonathan Harr.
Destaque para a atuação de um negociador principiante (*role taker*) que, presunçosamente, se envolve com negociadores

experientes (*role players*), acreditando que truques e táticas funcionam tão bem com estes como com outros.

O Advogado do Diabo (The Devil's Advocate)
De Taylor Hackford.
Baseado em livro de Andrew Neiderman;
Com destaque para:
- Role taking;
- Desenvolvimento de argumentação.

Agnes de Deus (Agnes of God)
De Norman Jewison.
Baseado em peça teatral de John Pielmeier.
Destaque para a investigação.

O Sétimo Selo (Det Sjunde Inseglet)
De Ingmar Bergman.
Destaque para a questão do tempo.

Los Angeles Cidade Proibida (L. A. Confidential)
De Arnon Milchan e David Wolper.
A diferença entre a força do argumento e o argumento da força.

A um Passo do Poder (True Colors)
De Herbert Ross.
A vergonha e a tomada de decisão.

O Júri (Runaway Jury)
De Gary Fleder.
A questão da verossimilhança.

Um Sonho de Liberdade (The Shawshank Redemption)
De Frank Darabont.
Baseado em livro de Stephen King.
Como conquistar e manter a adesão da mente alheia.

O Quarto Poder (Mad City)
De Costa Gavras.
História de Tom Matthews e Eric Williams.

Opinião, Poder e Empatia

Abril Despedaçado
De Walter Salles.
Inspirado no livro de Ismail Kadaré.

Conduzindo Miss Daisy (Driving Miss Daisy)
De Richard D. Zanuck e Lili Fini Zanuck.
Baseado na peça teatral de Alfred Uhry.

Assédio Sexual (Disclosure)
De Barry Levinson.
Baseado no livro de Michael Crichton.

O Silêncio dos Inocentes (The Silence of the Lambs)
De Jonathan Demme.
Baseado no livro de Thomas Harris.

Estrada da Perdição (Road to Perdition)
De Sam Mendes.
Baseado em livro de Max Allan Collins e Richard Piers Rainer.

Ausência de Malícia (Absence of Malice)
De Sidney Pollack.
Escrito por Kurt Luedtke.

Joana D'Arc (The Messenger: The Story of Joan of Arc)
De Luc Besson.
Escrito por Andrew Birkin e Luc Besson.

Ana e o Rei (Anna and the King)
De Andy Tennant.
Baseado nos diários de Anna Leonowens.

Argumentação, Convencimento & Persuasão

Questão de Honra (A Few Good Men)
De Rob Reiner.
Baseado em peça de Aaron Sorkin.

Justa Causa (Just Cause)
De Arne Glimcher.
Baseado no livro de John Katzenbach.

O argumento baseado no "sacrifício" levado às últimas conseqüências

A vida de David Gale (The life of David Gale)
De Alan Parker.
Escrito por Charles Randolph.

Ausência de Negociação (Coerção pela força)

Sob Suspeita (Under Suspicion)
De Stephen Hopkins.
Baseado no livro *Brainw Ash* de John W. Ainwright.

Mississippi em Chamas (Mississippi Burning)
De Alan Parker.

CAPÍTULO 9

Palavras finais

Quando as portas para a negociação se fecham, quando ninguém mais quer ocupar o papel de negociador por medo, vergonha ou ódio, o poder não pode ser canalizado para potenciais soluções conciliatórias e o ambiente se torna estéril, incapaz de gerar qualquer esperança consistente o bastante para servir de amparo para ações prolongadas. Só a ilusão dos ingênuos e inconseqüentes brota aí, mas suas raízes são rasas, frágeis, doentes até. Não conseguem prover seiva nutriente para uma convivência saudável. Se (como dizem) "de ilusão também se vive", é preciso saber que as ilusões, quando não matam, deixam seqüelas profundas.

Onde houver pessoas convivendo com o poder, a negociação será o único antídoto contra a tirania de uma das partes. A negociação exercida por profissionais.

Talvez em Shangrilá, Passárgada ou nos Jardins do Éden, haja alguma coisa melhor, mas, enquanto não vamos até eles nem eles vêm até nós, a negociação é a única alternativa que está a nosso alcance para uma vida com honra e sem guerra.

Entre em sintonia com o mundo

QualityPhone:
0800-263311
Ligação gratuita

Qualitymark Editora

Rua Teixeira Júnior, 441 – São Cristóvão
20921-400 – Rio de Janeiro – RJ
Tel.: (0xx21) 3860-8422
Fax: (0xx21) 3860-8424

www.qualitymark.com.br
e-mail: quality@qualitymark.com.br

Dados Técnicos:

• Formato:	16x23
• Mancha:	12x19
• Fonte Títulos:	Furtiger 55 Roman Bold
• Fonte Texto:	Furtiger 55 Roman
• Corpo:	11
• Entrelinha:	13
• Total de Páginas:	240